あれこれ考えすぎて“動けない人”のための問題解決術

（株）メンタルサポート研究所代表
倉成 央
Kuranari Hiroshi

大和出版

プロローグ　心配や不安の根っこを解決！

考えたことを次々と行動に移す人たちがいます。そういう人たちを行動力があるといいます。一方で、考えるばかりでなかなか行動に移せない人がいます。

彼らは行動力を身につけたいと願ってもそれがうまくいきません。

それはなぜでしょうか？

彼らは心配して不安になっているからなのです。

「これで大丈夫だろうか？」「本当にうまくいくだろうか？」「もしうまくいかなかったらどうしよう？」「こういうことをすると迷惑なのではないか？」などなど、頭の中で心配しています。

「やってみないとわからないのだから考えるよりやったほうがいい」と、そう思うかもしれません。それがうまくできないのです。それが簡単にできるようだったらとっくにそうやっています。

無理に行動しようとすればできますが、それはブレーキをかけている車のアクセルを踏むようなもの、進んでいくことに大きなエネルギーが必要になります。

行動にブレーキがかかるということは、
・行動がストップして先に進まない
・行動することにとてもエネルギーが要る
という状態になっているのです。

このように行動にブレーキをかけてしまう心配や不安を解決するには、心配や不安の根っこを解決することが大切です。その根っこは「私は行動してはならない」のインナーメッセージです。

これを解決すると、行動にブレーキをかける心配や不安が減っていきます。

これを解決すると、いつの間にか自然に行動できています。

これを解決すると、考えがすっきりまとまるようになります。

これを解決すると、何かをやることが楽しくなります。

本書は、何かをやろうと思っても、心配や不安が大きくて、やろうとすることにブレーキがかかってしまう人が、どのように心配や不安とさよならするのかについてのノウハウを解説した物語りです。

本書の主人公 直樹さんの問題点

あれこれ考えすぎて
〝動けない人〟のための
問題解決術

第1章

考えているわけじゃない、
心配しているだけ

あなたが動けないのは「不安」があるから

第2章

消そうとすると
苦しくなる

本当は「不安」を手放したくない？

第3章

「不安」の底にあるインナーメッセージ

子どものときには必要だったこと

第4章

あなたのインナーメッセージをリセットしよう

不安な自分が消えるすごい方法

第5章

人は必ず変われる！

気がつくと、ためらうことなく動いていた

本文デザイン／齋藤知恵子（sacco）
本文イラスト／瀬川尚志

第1章

考えているわけじゃない、心配しているだけ

あなたが動けないのは「不安」があるから

あれこれ考えすぎて動けない！

直樹さんの業績が近ごろあまりぱっとしない理由

考えていても仕方がない、早く行動に移したほうが良い、そうわかっていてもそれがなかなかできない。それはなぜでしょうか？　それは不安があるからです。

そのことは進め方や結果が明確でない業務でより強くなります。マネジメントや営業のように他の人が関わる場合、こうやればいいという予測が立ちにくいので不安が強くなります。また自分が中心となって新しいことをするときやいままでにやったことがない新たな仕事など、その進め方さえ決まっていないことを手がけるとき、より不安が強くなり、行動に大きくブレーキがかかってしまいます。

入社12年目の中堅社員、坂本直樹さんは海外の商品を日本企業に販売する中堅企業でルートセールスをしています。

以前は定期的に顧客企業を訪問し、顔を見せるだけである程度コンスタントに商品が売れていましたが、最近は競合企業の参入も増え、その営業担当者が直樹さんの顧客企業に頻繁《ひんぱん》に売り込みをかけています。販売高を維持し伸ばしていくためには、競合企業の営業担当者以上に人間関係を作り、負けないサービスを提供していかなくてはなりません。

競合が少なかったころは、担当社員による販売高の差は目立たなかったのですが、最近は実績を上げ続ける社員とそれがうまくできない社員とで業績に差が目立つようになってきました。直樹さんはここ数年、あまり業績がぱっとしません。その大きな理由は行動にブレーキがかかってしまうことにありました。

以前上司から顧客の旅行代理店向けに新たなサービスを考えるように指示されたときもそうでした。新たなサービスといっても何をすればいいのだろうと考え始めます。もちろんそれは良いのですが、そこからが問題です。

・こういうことやって、相手が納得してくれるだろうか？
・この企画を進めて、果たして最後までやり遂げることができるだろうか？
・この企画内容を上司や顧客にうまく伝えることができるだろうか？
・これをやった結果、会社にとって良くない状況にならないだろうか？
・これをやった結果、会社に迷惑がかかることがないだろうか？

こういった心配があれこれと心にうかびます。
また顧客企業に訪問するときにも同じように考えます。

・断られるんじゃないだろうか？
・こんな時間に訪問して迷惑じゃないだろうか？
・しつこいと思われないだろうか？
・私が提案するものは相手には必要ないんじゃないだろうか？

こういう考えがいくつも湧《わ》き上がってくるのはなぜでしょうか？　それは不安が強

いからです。そして考え続けることによってさらにまた不安が大きくなるという悪循環を繰り返します。

こうして上司の叱責を招く

あるとき、直樹さんの会社にとっての仕入れ先にあたる海外の販売会社の担当者が来日し、商談のために会社に尋ねてきてくれました。そういうことが時々あるのです。商談に立ち会った直樹さんは、訪問に対するお礼のメールを送るようにと、上司より指示されました。もちろん英語で。学生時代に英語は習ったことがあるけれども、メールや手紙を送ったことはありません。彼はネットを検索してお礼のメールの英文を調べました。そして調べた通りに文書を作成し送信しようと思うのですが、

・本当にこの文章でいいのか？
・この文書で相手に失礼にならないのか？

と不安になってしまいます。下書きをしたもののそれ以上修正するわけでもなく、

かといって他の人に相談することもないままに、午後から外回りをしていてもメールのことが気になっていました。

直樹さんの会社は英会話や英語での文書のやり取りが頻繁なわけでもなく、特に英語が堪能なことが評価されるわけでもないので、上司もそこまで完璧なメール文書は期待していないはずと頭ではわかっているのですが、どうしても不安が払拭できず、行動にブレーキがかかってしまいました。

とうとうその日メールを送信しないで終わってしまい、不安を引きずっていました。

次の日彼は上司から、「メール送ってくれた？」と尋ねられました。

彼が、「まだ送っていません」と答えると、

「まだ送っていないの？　お礼のメールはすぐに送らないと意味がないのに」「すぐにやらなきゃいけない仕事から先にすませなさい。仕事の優先順位くらい君の経験でいまさらわからないわけじゃないだろう。外回りも大事だけどこういう仕事も怠らないように」と注意を受けてしまいました。

持ち続ける「これで良かったのだろうか」の不安

彼は注意をされたという恥ずかしい思いを感じつつ、「一応下書きはしました」との弁解の言葉が頭をよぎりましたが、「言い訳して責任回避しているみたいで責任感がないと思われてしまうのでは？」という不安がその言葉を喉の下で止めてしまいました。

彼はメール作成の仕事を忘れていたわけでも怠ったわけでもありません。仕事はきちんとやろうとしていたはずです。メール文章を調べて下書きまでしていたにもかかわらず、それを完成させ送信できなかったのは不安が強かったからです。不安が彼の行動にブレーキをかけ、上司からの叱責を招いてしまったのです。もしかすると上司からの評価を下げることになってしまったかもしれません。

でもそれ以上に、直樹さんにはメールを送らなかったことで迷惑をかけてしまったという不安のほうが気にかかっていました。

「すみません。すぐやります」

その後、彼はすぐにメールを送りました。英語の文面はこれでいいのかという心配はあったもののもう送らないわけにはいきません。だから下書きしてあった通りに書き写し、送信ボタンを押しました。

送信ずみの表示を眺めながら、彼は「本当にこの文章のまま送ってしまったけど、それで良かったんだろうか？」と不安になってきました。そして不安な気持ちを抱えたまま次の仕事に取りかかったのですが、この日送ったメールがあれで良かったのかということが何度も気になりました。そしてそれは夕方に相手から返信が来るまで続きました。

「考えるより行動すればいい」のアドバイスが無意味なわけ

「積極性がない」という誤解

直樹さんが地方の営業所勤務から、本社のいまの部署に異動して3年がたちます。部門長補佐である現在の上司とも3年の付き合いになります。上司は、彼が行動的ではないことはもちろんもう十分にわかっています。直樹さんにとって悪い上司ではなく、部下の面倒見も良いので、直樹さんがもっと行動的になれるよう幾度となく親身なアドバイスをしてきたのです。

しかし最近は、再三のアドバイスにも一向に改善の兆しが見えず、先ほどの英文メールの件のように叱責しないと即行動に移そうとしないために、直樹さんに対して少々イライラしている様子が伺えます。

「君は考えすぎるんだよ、考えてばかりじゃなくて行動しなきゃだめだよ」

「君は思い切りが足りない」

「もっと行動力を身につけなきゃね」

上司はしばしば直樹さんにそうアドバイスすることがあります。

先月半ば、月間の販売目標を達成するためには後半かなり盛り返さないといけない状況にありました。顧客企業への訪問が計画通りにできていないにもかかわらず、直樹さんが社内に1日中いて、訪問準備ばかりしていた日の夕方、上司も直樹さんに対してかなりイライラしたのか、

「君はもっと積極性を持ちなさい。仕事に前向きな姿勢が足りないんだよ」

と強く叱責しました。

直樹さんにしてみれば、上司からそう指摘されても、彼は自分のことを積極性がないとは思っていません。ちゃんとやろうとしているのは嘘《うそ》ではないのですから、仕事に前向きに取り組んでいないつもりではないのです。ただ本当はそうではないと自分では思っていても、結果的に行動できていないので積極性がないとか前向きではないと評価されたとしてもそれは仕方がないことだとも思っています。

それをわかってもらおうとすることもすでにあきらめていました。おそらく直樹さ

んがどうして行動に移すことが大変なのかを全部話したとしても、最終的には「考えるより行動すればいい」というアドバイスしか返ってこないとわかっているからです。いくらそう言われても、それがうまくできないのです。

拓也さんの企画書はお粗末？

彼と同じ職場に別チームのリーダーを務めている同期、本田拓也さんがいます。拓也さんは直樹さんよりも早く昇格し、別チームではありますが彼より少し上の立場に居ます。拓也さんは職場ではかなり目立つ存在です。性格も明るく社交的で職場の人たちやお客さんとコミュニケーションも上手です。

拓也さんは時々顧客向けの新たな販促企画を任されることがあります。

先日、新規に取引が始まったばかりの顧客であるショッピングセンターで「母の日」のイベントがありました。その日の販促についての企画立案を任されたとき、販促企画を発表する会議の場で拓也さんが提出した企画書はＡ４の紙１枚だけでした。目標売上が記され、何をやるのかという実施項目を箇条書きにしているだけのものです。直樹さんの目から見てとても企画書というレベルのものではなく原案を書いただけのお粗末なものでした。

それを発表した会議の場で、拓也さんは部門長から「これは企画書なのでもう少し具体的に書いてもらわないと」と注意されました。それを聞いて直樹さんは少し嬉《うれ》しい気分になりました。しかし注意を受けたにもかかわらず拓也さんは、「いま○○社の大口取引の仕事を抱えていて時間がなかったものですから」と悪びれた様子もなく言い訳していたのです。

直樹さんは、「言い訳をするなんてとんでもない」と批判的な気持ちになりました。でも、部門長や他の会議出席者たちには、言い訳ではなく自身の状況をはっきりと説明したものと受け取られたようでした。

また、箇条書きされた項目のいくつかについて、具体的な内容の説明を求められたとき、「えっーっと」「それはですね」「あっ、そうそうこれは……という意味です」とその場その場で思い出しながら説明をしていました。明らかに企画書を説明するには準備不足で、何をどのように説明すれば良いかを前もって考えて会議に臨んでいないのです。しかしそれが部門長から問題にされている様子はありません。

拓也さんはそれ以上特別に注意を受けることもなく会議は終わりました。それどころか部門長から、「あいかわらず仕事は早いね」と褒め言葉にすら聞こえるコメントをもらっていました。直樹さんはこの会議が終わって、言いようのない欲求不満を感じていました。

拓也さんの仕事のやり方は丁寧なものではなく、かなりいい加減にやっているように見えてしまいます。直樹さんは、いくら行動だけは早いとしても、いい加減としか思えない拓也さんの仕事のやり方が決して好ましいと思えません。また、悪びれず言い訳する態度についてもどうしても良い感情を持てません。それでも拓也さんのほうが直樹さんより営業成績が良いのも事実ですし、上司や周囲からの評価も高いわけですから余計に嫌な気分になります。

あんないい加減な性格にはなりたくない

直樹さんは、拓也さんの仕事の仕方や発言がいちいち気にさわるようです。ちょっとした発言を好意的に受け止めることができず、いちいち嫌悪感を持ってしまうようなのです。これは直樹さんが拓也さんをかなり意識しているから、気になっているからです。

直樹さんは、拓也さんを見ていて「あんなふうに早く行動できたら」と思うこともあります。現に直樹さんの直属の上司から、「君は本田君と比べてあれこれと考えすぎなんだよ」「あれこれ考えるより、本田君のように先にやったらいいんだよ」「本田君のようにテキパキと行動したらいい」などと、拓也さんを引き合いにアドバイスされることがあります。同期の上、成績も良いので比較される対象になるのはわかるのですが、でもあんなにいい加減な性格にはなれないとも思います。

というよりもいい加減な人間になりたくないという気持ちが自分の中のどこかに強くあるのです。「なぜあんないい加減が許されるのか？」と嫌悪すら感じます。また拓也さんが自分自身に対していい加減でいいと許せることが理解できません。

「どうしてあんなことが自分に対して許せるんだろう？」

もっと行動的になりたい、でもあんなにいい加減な性格になりたくない、この葛藤が直樹さんの行動的になりたいという問題解決を困難にしてしまっています。

始めさえすれば不安は消える？

「ぐずぐず悩んでも仕方がないでしょう」の声

直樹さんの息子の小学4年生になる陸君は、慎重で何かと用心深く行動する性格です。何かをやろうとするときに躊躇《ちゅうちょ》することがたびたびあります。

先週のこと、学校の社会科の授業で「自主学習」をするという宿題が出されました。陸君はテーマを何にするかと散々悩んだあげく、家の近くの古墳を調べることにしたのはよいのですが、父親である直樹さんや母親である彼の妻、香織さんに、「本当に自主学習のテーマこれで良いと思う？」「本当にこのテーマでちゃんとできるかな？」「古墳がテーマなんて変じゃないかな？」と何度も確認していました。

香織さんから「ぐずぐず悩んだって仕方ないでしょう。もう時間がないんだからさっさとやりなさい」と叱られ、渋々ながらも古墳をテーマにパソコンで自主学習の調べものを始めました。しかし、何か納得できていないというか、不安気というか、そわそわした態度が見て取れます。

そして古墳に関して調べ始めてからも「古墳がテーマなんて、先生やみんなから変だと思われないかな？」「内容を全部ネットで調べてもおかしくないかな？」「書き方はこれでいいのかな？」と何かにつけて心配し不安そうにしています。

香織さんは陸君にイライラしながら「自分で古墳をテーマに決めて、もうやりだしたのだからあれこれ考えてぐずぐず言っても仕方ないでしょう」「いいからさっさとやりなさい」と強く背中を押そうとしますが、陸君は調べた内容をノートにまとめ始めてからも何かと心配が絶えないようです。

陸君を見ていると、人からどう思われるかとか、ちゃんとできるかとか、心配の種をまるで自らわざわざ探し出してきているようです。直樹さんは、息子のそういう姿を見て、「この子も将来自分と同じように行動力がないと上司から評価される社会人になってしまったらどうしよう」と心配になります。

陸君は自分と同じように慎重すぎるところがあると、直樹さんは前々から思っていたのですが、妻がイライラしながら陸君に言った言葉は、定例会議での発表内容がなかなかまとまらないときに上司からアドバイスされた、つい先日の内容にそっくりでした。「あれこれ考えても仕方ないだろう。それより絶対に発表しなきゃいけない内容からまずシートに書いてみなさい」と、イライラするように言った上司の言葉が香織さんの言葉と重なってしまい、陸君の気持ちがよくわかると同時に心配になってしまったのです。

「陸ももう小学生だ。性格を変えるならば早いほうがよい。最近ますます行動するよりも先にあれこれと考えていることが多くなってきている。このままでは将来自分と同じようになってしまうのではないか？」

直樹さんは「できれば、せめて息子には、もっと行動的になって欲しい」、そう願わずにはおれませんでした。

さっさと取りかかっても、結局ブレーキがかかる

直樹さんは上司からアドバイスされた言葉についてもう少し考えを深めてみました。定例会議での発表内容について、何を書くかに悩んでばかりの直樹さんに対し、あれ

これ考えるよりもまずは書いてみたほうが良いのにと、上司は口出ししたくなったのでしょう。直樹さんは考えるばかりで行動しようとしないように映るのです。だから考えることはそこそこにしてまず行動すれば良い、そう思うのでしょう。

上司から見れば、考えるより行動というのは単純なことに思えるのかもしれませんが、しかしそんなに単純ではありません。

考えてばかりで動かないように見えたかもしれませんが、たとえ考えるのを中途半端にして途中でむりやり行動したとしても、行動し始めてから後に心配事が絶えなくなるのです。

しっかり考えた上でやり始めないと、

・うまくいくだろうか？
・このままやって大丈夫だろうか？
・やっていることを人はどう思うだろうか？
・人から何か言われないだろうか？
・自分がやっていることで人に迷惑がかからないだろうか？

・このままやって後悔しないだろうか？
・自分なんかがやって良いだろうか？
・こういうことをやるのはまだ早すぎるんじゃないか？
・自分がやっていることは出すぎたことになるんじゃないか？

などなど、その時々によって内容は違いますが、心配事は次々と湧いてきてしまいます。

行動し始めても、心配が湧いてくるために行動にブレーキがかかってしまうのです。だから行動を始める前にしっかり考えておきたいのです。

「考えること」と「心配」は違う

直樹さんは悩んでいるのではなく考えていると思っています。そして後で悩まないために最初にきちんと考えておきたいとも思っています。それが正しいと思い込んでいるようです。しかし直樹さんは本当に考えているのでしょうか？

直樹さんや陸君は、

・考えているというよりも次々に心配が湧いているという感覚を感じており、
・考える対象が具体的な事実に関係することではなく〝空想〟になっているのです。

考えるというのは主体的な行為なのですが、心配は湧いてくるものに対処している**ため受動的**であり、対処せざるをえないという感じなのです。主体的に考えているのならば自らの意志で考えをストップすることだってできるかもしれません。しかし考**えさせられているという感じなので、それをやめるのも難しい**のです。

またその対象が具体的な事実に関係することではなく〝空想〟であるというのは、**本人が空想した良くない未来について考えているだけ**ということです。

たとえば、「何を心配しているの？」「何がそんなに不安なの？」と他者から尋ねられたとしても、具体的に「会議で来月の数字の根拠についてどのような質問が出るか心配だ」などと答えることができません。

そしてまたその内容は、「もしうまくいかなかったら……」という本人の悪い予測に過ぎないために、どう対処するかという解決策を考えることができないのです。

たとえば、「自分がやっていることで人に迷惑がかからないだろうか？」と考えているとき、「誰にどういう迷惑がかかるの？」と尋ねられても、それは本人の空想の産物なのでそれに明確に回答できません。あえて返答するとすれば、「何となく人に迷惑がかかってしまう気がする」といった漠然としたものになってしまいます。はっきりとした根拠があるわけではないけれども何となく人に迷惑がかかりそうな気がしてしまうのです。

不安は行動のブレーキである

他にも、「この先うまくいくだろうか？」「計画通りに進むだろうか？」「優先順位は本当に間違ってないだろうか？」「本当にこれで良かったのだろうか？」「失敗したらどうしようか？」「人がこのままついてきてくれるだろうか？」「最後までやれるだろうか？」「人の真似をしていると思われないだろうか？」「人に知られることで邪魔をする人が入ったらどうしよう」「良いところは持っていかれるのではないだろうか？」「自分がやることが悪いのではないだろうか？」「自分が決めることとやること自体が悪いのではないだろうか？」「正しくやらないと悪いのではないだろうか？」

などなど、実にたくさんのことを彼らは考えています。そして行動にブレーキをかけています。

これらは全部考えているのではなく心配しているのです。そして心配するから不安になるのです。だから「考えるのをやめて行動」と言われても、そもそも考えているわけではないのでなかなか難しいのです。さらに無理に行動に移しても、やはり心配が続いてしまい不安を引きずるのです。

不安は行動の大きなブレーキになります。たとえ行動を始めてもそれを続けることに大変な労力が必要になります。不安を抱えたままで行動するのは、サイドブレーキをかけたまま車のアクセルを踏んでいるようなものです。だから、不安がない状態と比べて前に進むのにエネルギーがたくさん必要になってしまいます。それをずっとやり続けていると、車は壊れてしまうかもしれません。

だから行動のブレーキを解除し、軽やかに行動できるようになるためには、心配しないように、不安にならないようにする必要があるのです。

あなたにブレーキをかける不安いろいろ

行動を妨げる3つの不安

行動しようとすると不安になる、行動し始めてからも不安になる。行動にブレーキをかけてしまう不安は行動していても行動しなくても湧き上がってくるようです。行動する前に、または行動し始めた後に湧き上がってくる不安にはどういうものがあるのでしょうか？

彼らの不安には、大きく3つのものがあります。

それは、①自分に関係する不安、②他者に関係する不安、③世の中や将来に関係する不安です。

以下、行動にブレーキをかけてしまう3つの不安について詳しく見ていきましょう。

①の「自分に関係する不安」とは自分に対するもの、自分の能力や自分の価値そのものに関しての不安です。

それをやる能力があるか——自分に関係する不安・その1

自分の能力に関する不安とは、自分が行動を起こす前に、または行動を起した後にも、「もし行動を起こしたら、またもしこのまま行動を継続したとして、それを最後まで遂行して、満足する結果に到達させるほどの能力が自分にあるのだろうか？　それをやるだけの能力を持っていないのではないだろうか？」といった不安です。能力に関する不安は他の不安と比べると割合具体的です。

私たちが行動にブレーキをかけてしまう不安を感じているとき、私たちは何かを考えています。何かを考えているから不安になっていると言っても差し支えないでしょう。

そして、行動にブレーキをかけてしまう不安の背景にある考えは間違ったものです。ここでは間違った考え方を「思い込み」と呼ぶことにします。思い込みは、どうしてそのような不安が湧き上がってくるのかということに関係しています。このような思い込みがあるから不安が湧き上がってくると考えてもらえればいいかと思います。

以下、自分の能力に関係する不安を持っている人からしばしば聞く、不安のあらわれである発言を列挙します。それぞれの発言の後（　）内に、それらの不安に関係しているその人の思い込みについても書いています。

・これをやるのが私でいいのだろうか？（私はこれをやる能力がない）
・最後までやれるだろうか？（私は最後までやり遂げる能力がない）
・予算通りにやれるだろうか？（私は予算通りにやる能力がない）
・失敗しないだろうか？（私は成功させる能力がない）
・計画通りにやれるだろうか？（私は計画通りにやる能力がない）
・こんな大きなことができるだろうか？（私は大きなことをやる能力がない）

真実ではない歪んだ思い込み

（　）内の思い込みは、合理的ではない間違った考え方です。間違ったというのは事

実志向ではなく客観的とはいえないという意味です。

たとえば、「最後までやり遂げる能力があるだろうか？」という不安は「私は最後までやり遂げる能力がない」という思い込みが背景にあります。もちろん、「私に最後までやり遂げる能力がない」が客観的な事実であるはずがありません。

もし過去に最後までやり遂げることができず、途中で投げ出した体験を持っているとして、「私は過去にやっていることを途中で投げ出した経験がある」と考えるのであれば事実かもしれません。

または最後まで努力しなかった体験があるとして「私はそのときに最後までやり遂げようとする努力が不足していた」と考えるのであればそれらは事実かもしれません。

このような事実志向の考え方はその人に反省を促す考え方になり、次に最後までやり遂げるために何をどのように改善したらいいのかを考えるきっかけとなります。

しかし、「やり遂げる能力がない」と決めつけることは事実ではありません。歪《ゆが》んでいるのです。

たとえば「私は能力がない」という思い込みを持っていると、上司からある行動を叱責されたときに、その思い込みがない場合以上にくよくよしたり落ち込んでしまいます。上司から叱責された行動を振り返り反省することだけに注意が向けられず、思い込みにエネルギーをそがれてしまいます。

このように人は合理的ではなく間違った考え方（思い込み）をしてしまうと、不快感情が湧き上がり、そこにとどまってしまうと反省や具体的な改善は生み出されにくくなります。

なぜ客観的に見ることができないのか？

行動にブレーキをかけてしまう不安はまさしく合理的でない思い込みに裏打ちされた不快感情です。その不安の背景には、思い込みが存在しているのです。

では、なぜ合理的でない思い込みをしてしまうのでしょうか？　自分の能力に関係することについて、反省し改善につながるような客観的な考え方ができないのでしょうか？

それはその根底に、自分の能力を否定してしまうもっと根本的な考え方が潜んでいるからなのです。〝自分は能力がない人間である〟という自分の能力についての大きく根本的な思い込みがあるのです。この大きな思い込みをそのままにしておきながら、いくら自分の能力を上げるための努力をしてみたり、成功体験を持つことにチャレンジしたところで、あまり良い解決策にならないでしょう。

「もっと努力しなさい」「成功体験を積むことが大切」などと世間一般に言われますが、これらは本当にある具体的な能力が不足している場合、成功した体験だけが不足している場合であるならば、それらは正しい解決策であるといえます。

しかし不安によって行動にブレーキをかけてしまうタイプの人は、自分の能力について根本的な否定的思い込みを持っているのです。

また彼らの多くは、次に説明する、自分の価値に関する不安、他人に関係する不安、世の中や将来に関係する不安などを同時に持っています。そして能力に関する不安だけでなくこれらの不安が重なることで、行動へのより大きなブレーキになってしまっているのです。

それをやる価値があるか——自分に関係する不安・その2

自分の価値に関する不安というのは、能力に関する不安よりも漠然としています。

自分にそれをやる能力がないからできないというよりも、そもそも自分という人間、自分という存在がその行動をする（それをやる）に値する価値があるかどうかということに関係しています。行動するに値する価値というのは、自分自身の存在価値や尊厳、または存在そのものや人間としての重要さといったものです。つまり、それをやるに値する価値の人間ではないといった感覚です。

自分の価値に関する不安を持っている人は、能力の問題ではなく自分はそれをやれるに値する価値がないように思えてしまいます。自分の存在価値そのものがないように感じてしまったり、自分はそれほど重要な人間ではないと感じてしまっているのです。

彼らは他者から「何がそんなに不安なの？」「何を心配しているの？」と尋ねられても、自分の価値に関する不安を具体的に説明することが困難です。「何が不安って言われても……」「何がというより、何かわからないけど自分はできないような感じがするんだ」「自分じゃダメな感じがする」といった漠然とした回答にしかなりません。

このような回答の背景にも、その根底に自分の価値を否定してしまう基本的な考え方が潜んでいます。〝自分は価値がない人間である〟という自分の存在価値についての大きな思い込みがあるのです。

当の本人にはまったく疑問なし

以下、自分の価値に関する不安を持っている人からしばしば聞く、自身の価値に関する不安のあらわれである発言を列挙します。前述と同様にそれぞれの発言の後（）内に、それらの不安に関係するその人の思い込みについても書いていきます。

・人に迷惑をかけるのではないか？（私は人に迷惑をかける人間）
・自分なんかがやっていいのだろうか？（私はそういうことをする価値がない人間）
・私にこなせるだろうか？（私はそれをこなす価値がない人間）
・私にはこれをやる価値がないのでは？（私はこれをやる価値がない人間）
・ダメな人間と思われないか？（私は重要な価値がない人間）
・評価されないのではないか？（私は評価される価値がない人間）
・失敗するのではないか？（私は成功させることができない人間）

・会社や部署に不利益をもたらさないだろうか？（私は人に不利益をもたらす人間）
・本当に計画通りにうまく進むだろうか？（私は欲した通りにやれない人間）
・不満足な結果しか出せないことで関係する人や会社に迷惑をかけないだろうか？（私は人に迷惑をかける人間）
・本当にこのやり方でいいのだろうか？（私は正しくやれない人間）
・自分がやることが悪いことなのではないか？（私は良くない人間）

能力に関する不安と同様に、（　）内に記されている思い込みはすべて間違った考え方であり、合理的ではない考え方です。前に説明した通り、これらは例外なく事実志向ではなく、客観的とはいえません。

「人に迷惑をかけるのではないか？」の背景にある考え方は、「私は人に迷惑をかける人間」という不合理な思い込みです。自分のことを、他者に迷惑をかけてしまうような人間だと思い込んでしまっているだけなのです。この考え方が間違っていて不合理であるというのは、客観的に読んでいただければ十分に理解できることだと思います。しかし当の本人には、それが間違っているとは思えないのです。

「行動しなさい」では解決できない何かがある

直樹さんも自身の価値に関する不安を強く持っています。直樹さんは大口の取引先企業が顧客向けに行う商品説明会で、自社商品の紹介を任されたことがありました。本来上司が担当する予定だった説明会を急遽直樹さんが担当することになったのです。会社はその説明会でかなりの販売を見込んでいました。

直樹さんはその説明会を担当することにかなり強い不安を持っていました。そのことについて妻の香織さんに相談したことがあります。

「何がそんなに不安なの？」

「会社の人や会社に迷惑をかけたらどうしようとか不安なんだ」

「なぜ会社の人に迷惑をかけてしまうと思うの？　もしそこで予定通りに売れなかったとしても、会社の人が迷惑と思うかどうかなんてわからないじゃない？」

「それでも会社の人たちに迷惑をかける気がするんだよ」

「前から思っていたんだけど、あなたは何かをやると、人に迷惑をかけると言うし、自分はどうせそんなダメな人間だと思い込んでいるんじゃないの？」

「そこまで思っている気はしないけど」

「でも話を聞いていると結局そうなんじゃない？」

「そう言われれば、確かにそうなのかも」

「どうしてそう自分のことをネガティブに思うの？」

「どうしてって、そう思うからそう思うんだよ」

「やる前から、自分のことをダメって、どうせ迷惑をかけてしまうって、何もわからないことで確かなことじゃないでしょう？」

「確かにそうなんだろうけど、頭ではおかしいというか、自分でそう思い込んでいるだけだろうとは思うけど。でもそういう気がしてしまうし、やっぱり迷惑をかけたらどうしようって心配になるんだよ」

「やってみないとわからないんだから、まずやってみるしかないでしょう」


　直樹さんは、香織さんの「やってみるしかないでしょう」という言葉に「またその言葉か」と、ため息をつきたい気分になりました。「結局、みんな最後に言うことは同じ、まず行動しなさいという話になって終わってしまうんだよな」。直樹さんは、まず行動しなさいだけでは解決できない何かを、心の中に感じていました。

心が信じ込んでしまっている

このように、頭で不合理で間違った考え方、おかしな考え方だとわかっていても、心がそれを受け入れないのです。心が、「やっぱり私は人に迷惑をかけるダメな人間だ」という考え方を取り入れてしまうのです。これは心のレベルで、「私は人に迷惑をかけるダメな人間だ」という思い込みが正しいと信じてしまっているのです。

自分の価値に関する不安を生み出す背後にある不合理で間違った思い込みは、このように、頭で考えるよりはもっと奥深いレベルで生み出されています。だからそこから生み出される不安は、頭で考え方をちょっと変えようとしただけでは解決していかないものであることが多いのです。

直樹さんも、何かがもっと心の奥深いところに存在していて、奥深いところの何かから思い込みや不安が生み出されている。それが行動にブレーキをかけてしまう根っこの問題のような気がしてしまいます。だから思い込みだけを何とかしようとしてもなかなかうまくできない気がして仕方ありません。でもそれが何なのかはよくわかっていないのです。

人は私をこう思っている——他者に関係する不安

他者に関係する不安というのは、他者が自分に対してどういう考えや感情を持つだろうか、またはどういう反応や行動をするだろうかというネガティブな予測に関係しています。

これらは自分の価値に関する不安よりも具体的に表現されます。また背後にある思い込みについて、本人なりの具体的な根拠を持っている場合もしばしばあります。

たとえば、何かをやろうとするときに「こんなことをして、人からおかしいと思われるんじゃないか？」という不安を持つ人は、「人は私がやることをおかしいと思うだろう」という思い込みを背景に持っています。その人は過去に、自分がやった何かで人からおかしいと思われたという体験をしていて、それが思い込みの具体的根拠になっています。

しかしそれは数少ない体験を基にした主観的な根拠に過ぎません。つまり、たった数回あった体験を基に、他者は自分をこのように思うものだと絶対的な事実にしてしまっているのだけなのです。

以下、他者に関係する不安を持っている人たちからしばしば聞く、他人に関係する不安を列挙します。前述と同様に（　）内に、それらの不安に関係する思い込みについても記すことにします。

- 人は自分がやることについてどう思うだろうか？（人は私がやることをおかしいと思うだろう）
- 人が同意してくれるだろうか？（人は私に同意しないだろう）
- 出すぎたことをしていると思われないか？（人は私を出すぎていると思うだろう）
- 人から嫌われないか？（人は私を嫌うだろう）
- 人から嫌がられないか？（人は私を嫌がるだろう）
- 自分の考えを違うように受け取られないか？（人は私の考えを誤解するだろう）

・人から迷惑だと思われないか？（人は私を迷惑だと思うだろう）
・周囲に負担をかけないか？（人は私を負担だと思うだろう）
・人から騙《だま》されないか？（人は私を騙すだろう）
・人から邪魔をされないか？（人は私がやることを邪魔するだろう）
・人がついてこないのではないか？（人は私についてこないだろう）
・人から手柄を横取りされないか？（人は手柄を横取りするだろう）
・厚かましいと思われないか？（人は私を厚かましいと思うだろう）
・人から妬《ねた》まれないか？（人は私に嫉妬するだろう）
・人から何か言われないだろうか？（人は私に良くないことを言うだろう）
・やっていることを人に知られないほうがいい（人が知ると私のことを良く思わないだろう）

前に説明した通り、（　）内は例外なく客観的ではない思い込みであり、事実志向ではありません。

「人は自分がやることについてどう思うだろうか？」という不安を持つ人を例に挙げ

ると、その人は、自分がやることについて他者から良くないと思われることや変に思われることを不安に思っています。そしてその不安が行動にブレーキをかけています。背後には、「人は自分のやっていることを良くないと思うだろう」「人は自分のやっていることを変だと思うだろう」という客観的でない思い込みがここでもまた存在しているのです。

これら他者に関係する不安の背後にある思い込みはかなり強固です。つまり、周囲の人から「私はあなたのことを変だと思わないよ」「職場の人たちはあなたのことを悪く思ったりしないよ」と言われたとしても、それを変えることはなかなか難しいのです。これらの言葉をにわかに信じることはできません。というよりも、それを鵜呑《うの》みにすることもまた不安だと思っているのです。

それは無批判に受け入れた〝親の考え〟

他者に関係する不安を持つ人たちは、これらの思い込みの根拠となる体験を持っていることがあると述べましたが、実はこれらの思い込みを作り上げたものは過去の体験ではありません。

多くの場合、他者に関する不安を生み出す思い込みは、未《いま》だ客観的に親の教える考えを検討する能力が身についていない子どものころに、親から聞かされてきた「他者はこういうものだ」という考え方を無批判に取り入れたものです。

たとえば「人から笑われても知らないぞ」「人から馬鹿にされるぞ」などという言葉を何度も聞かされると、「人は私のすることを笑うだろう」「人は私のことを馬鹿にするだろう」という思い込みを持つかもしれません。もしかするとそれは親からの言葉ではなく、「人から笑われないようにしよう」「人から馬鹿にされないようしよう」と過剰に気にする親の態度で示され、教えられてきたものかもしれません。

もちろん多くの親が、子どもを躾《しつ》けるためにこういう言葉を言ったり態度を示したりすることがあります。ただ子どもである彼らは、その言葉を冷静に受け止めたのではなく、不安という不快感情を感じながら受け取っていったのです。

彼らの親はそれらを伝えるときに強く大げさに言いすぎたのかもしれません。そしてそれらは彼らの心の奥底にある「私は行動してはならない、行動するのではなく心配していなさい」という考え（後に詳しく述べますが、これがインナーメッセージです）を決断した後に、それを支持する根拠として受け入れられました。

このように不安を生み出す思い込み、それのさらに心の奥底にある考えが不安の源泉でもあるのですが、これは後に詳しく説明します。

記憶に残す体験・残さない体験

子ども時代に親から脅しの言葉を繰り返し聞かされることによって、その人は「人は私を笑う」という思い込みを取り入れていきました。そしてそのときからいまに至るまでの体験で、「やっぱりそうだ、人は私がやることを笑うんだ」と、他者についての思い込みを支持し、思い込みをさらに強固にしていったのです。

もしかするとそれは、たったひとつの体験だったかもしれませんし、数回の体験かもしれません。しかしその体験は、「やっぱり人は私がやったことを笑うじゃないか」「やっぱり人は自分を変な目で見るのだ」と思い込みを強化していくものになります。たった数回の出来事とはいえ、思い込みは体験に裏づけられてより強固な思い込みになったのです。

「私は変な目では見ていない」「そんな人ばかりではない」とアドバイスされても、「過去にそういうことがあったから」と受け入れることが難しくなってしまうのです。

また、思い込みを持った人は、思い込み通りでなかった体験を見ようとしません。「人は自分のやることを変だと思う」という思い込みに合致した体験だけを選択して根拠としています。それ以外の体験、他者が自分のやることを変だと評価しなかったという体験については、記憶の貯蔵庫に残していないのです。本当は数多くあったはずの、**人が自分を変な目で見なかったという体験は、軽く扱われ忘れ去られています。**

客観的には、変に見られなかった体験のほうが圧倒的に多かったのにもかかわらず、そのような根拠には目もくれず、不合理な思い込みを支持する経験のみを記憶に残していっているのです。

この先は悪いことばかり――世の中や将来に関係する不安

世の中や将来に関係する不安は、世の中がどういうものか、またこの先の未来がどういうものかについての不安です、世の中や未来に不安を感じるわけですから、基本的に世の中やこの先の未来は危険なもので、安全で安心できるようなものではないと思い込んでいるのです。

だから世の中や未来というものを安全だと思えるようにするためには大変な労力が

必要となります。良くないことが起きないようにと、常に気を抜かず、張りつめていなければならないのです。もし気を抜いてしまうと、どんな悪いことが起きてしまうかわかりません。

以下、世の中や将来に関係する不安を持つ人たちからしばしば聞く、世の中や将来への不安を列挙します。ここでも前と同様に（　）内に、それらの不安に関係しているその人の思い込みについても記載していきます。

・危険ではないか？（世の中には危険なことが多い）
・この先何かアクシデントが起きないだろうか？（未来は予測できないことが起きる）
・この先本当に大丈夫だろうか？（未来は安全ではない）
・計画通りに進まないのではないか？（物事は計画通りに進まない）
・本当に大丈夫だろうか？（世の中は大丈夫ではないことが多い）
・このまま調子良く進むだろうか？（物事はずっとうまくは進まないものだ）
・予期せぬトラブルが起きないだろか？（何かをやるとトラブルが起きるものだ）

・後悔しないだろうか？（物事は後悔する結果になることが多い）
・本当にこのやり方でいいのだろうか？（正しくやらないとこの先良くないことが起きる）
・失敗したらどうしよう？（失敗したら取り返しがつかないものだ）

もう言うまでもありませんが、これらも（　）内はすべて事実志向ではなく、客観的とはいえない思い込みです。

これらの不安が行動にブレーキをかけてしまう人は、自分が住んでいるこの世界・世の中や自分の未来が安全なものだと思っていません。いつ何時、どんな悪いこと（アクシデント）が起きるかわからないと思っているのです。

いつも悪いことが起きないようにアンテナを張って、悪いことが本当に起きないように、そして悪いことが起きてもすぐに対処できるように心配をしていなくてはならないのです。

そのために楽観的な予測を持って行動することができません。また行動の結果を楽しみに期待することもできません。注意深くしていなければ、慎重にしていなければ、いつ何時大変なことが起きるかもしれないのです。

この不安を強く持つ人たちは、子どものころに自分のいる環境が安全なものだと思えなかった人が多いようです。

乗り越えた思い出にこそ目を向けたい

直樹さんは小学校1年生のころ、補助輪をつけた自転車で大きな道路を渡ったところにある近所の公園にひとりで行くことができたと、父親に得意げに話しました。すると父親はそれを嬉しそうに「よしよし」とうなずきながら聞いてくれました。

その数か月後、直樹さんは補助輪を外して自転車に乗ることができるようになっていました。そして補助輪を外した自転車で同じ公園にひとりで遊びに行ったことを得意げに話しました。直樹さんは、父親がこの前と同じように話を聞いて喜んでくれると期待していたのです。

ところがそのときの父親の反応は前とはまったく違っていました。父親は、「あの大きな道路は車が多いのに自転車で渡るなんてとんでもない！　何でひとりで自転車に乗ってそんなところまで行ったんだ！」と強い口調で怒りました。直樹さんは、その反応に驚き泣いてしまいました。

このとき父親は前のときよりも虫の居所が悪かっただけなのかもしれません。しかし幼い直樹さんにとって父親の反応は、不意打ちを喰《く》らわされたようなもので、とても驚くべきものでした。

直樹さんにはこれに類似した体験の記憶がいくつかあります。

直樹さんの父親の反応は、**子どもにとって一貫性がまったくないものでした。**幼い子どもにとって親は社会であり世の中そのものです。このような不意打ちを喰らわされるような体験を何度も繰り返すと、子どもは「いつ何時何が起きるかわからない」「世の中は安全ではない」「いつも注意深く慎重でなければまたいつ不意打ちを喰らわされるかわからない」と思ってしまいます。そして多くの場合、世の中はいつ良くないことが起きるかわからないという考えを持ったまま大人になっていくのです。

「石橋を叩いて渡る」という言葉がありますが、これらの不安が強くなりすぎると、「石橋を叩いて渡る」というよりも「石橋を叩き続ける」という行動になってしまい、先に進むことに強い不安を感じてしまいます。

世の中や未来に不安が強い人たちは、世の中や未来がもっと安全であるという事実を認識することが大切です。現実は、いままでも何も悪いことが起きなかったことのほうが圧倒的に多かったはずなのです。その記憶に目を向けていくことが第一です。そして仮に悪いことが起きたとしても、それを何とか乗り越えて現在があります。

悪いことが起きたという記憶に目を向けるよりは、それを乗り越え、100%満足いく結果ではなかったかもしれないが、とにかく何とかなったという記憶に目を向けるのです。

乗り越えたほうの記憶に目を向けていくと、何とかなるという感覚が自然と身についてくるものです。

第2章

消そうとすると苦しくなる
本当は「不安」を手放したくない？

心配事は考えない?!

チャンス！　Tグランドホテル販促企画

直樹さんは、自分が〝考えている〟のではなく〝心配している〟こと、そしていつも行動にブレーキをかけてしまうのは心配し不安になるからだと理解しました。そこでそれを何とかするために不安を解決しようと考えました。

そんなある日、直樹さんは上司に呼ばれました。「君の担当先のTグランドホテルの件だけど、最近競合のA社がかなり喰い込んできていてわが社の取引額が落ちてきているだろう？」

「すみません、Tグランドホテルにつきましては……」

直樹さんの言葉を遮るように上司が続けました。

「そこで、Tグランドでの取引高を挽回《ばんかい》し、今後の取引を安定させるためにも、この夏に向けて何か企画を立てて欲しいんだ」

「新たな販促企画ですか？」

「そう、来週の会議で発表できるよう準備してくれ。頼んだよ。この企画を一緒にやっていくメンバーとして中山君を君につけるからちゃんと実績を上げてくれよ。これは君にとってチャンスだよ」

Ｔグランドホテルは会社にとっても大口取引先のひとつであり、この仕事はチームプロジェクトになります。この企画には、新たに後輩の中山大介さんをチームメンバーとしてつけてもらえることになりました。

上司からこの企画を任されたときにはとても嬉しい気分でした。その企画をやってみたいと思いました。チームのプロジェクトを任された後、キチンと実績を上げることができた人はチームリーダーになっていくのが会社での慣習になっていました。だからこの企画をうまくやり遂げると、直樹さんのチームリーダーへの昇格の可能性が見えてきます。上司が直樹さんにチャンスだと言ったのはそういう意味であるということは十分に理解できました。

チームリーダー昇格に関して、同期の拓也さんに3年遅れを取っている直樹さんとしては、成果を上げて昇格したいところです。また昨年、直樹さんの1年後輩がリーダーに昇格したこともあり、ここで何とか昇格をものにしないと今後何人もの後輩に抜かれてしまうことになりかねないのです。「よし、ここは勝負だ」、直樹さんは自分に気合を入れました。

直樹さんは早速、チームメンバーの中山さんと一緒に昼食を取りながら、どのように企画を進めていくかなどについて話し合いました。

そのとき中山さんと打ち合わせをしながら、「もしうまくいかなかったらどうしよう」「自分がこんな大きな仕事をやっていいんだろうか？」といった不安が頭をよぎりました。責任ある仕事を任されるのは嬉しいはずだし、決して嫌なはずはない。にもかかわらず不安が頭をよぎってしまう。直樹さんはその不安を何とか消さなければと思いました。

さて、どうやって不安を消せばいいのか。直樹さんにはいくつか不安を減らすことについてアイデアがありました。

よし、ただ黙々とこなしていこう

直樹さんが行動に不安を持つときには、頭の中でぐるぐると同じことを心配していて先に進まないことが多いのです。

たとえば、企画のことを他の人に話すと「出すぎているとか調子に乗っていると思われるんじゃないか？」と不安になってしまいます。でもいろんな人に相談してアイデアをもらったほうが良い企画ができるということはわかっています。また企画を進めていく上でアドバイスや協力を得たほうが仕事も進めやすくなり、自分も楽になるということもわかります。

コミュニケーションを円滑にする上でも、「自分がやっていることはオープンに話したほうが良いのではないか？」とも思っています。さらに企画のことを相談すると、協力してくれる人がいるということも頭では十分に理解しています。

しかし、「企画のことをペラペラしゃべって妬まれたりするのは嫌だ」とも心配してしまうのです。

こんなふうに頭の中は堂々巡りを繰り返すばかりで、なかなか実際の行動には進みません。だからとりあえず頭の中であれこれ心配することは置いておき、まずは何をすれば良いかだけを整理しようと決意します。

「よし、やることを明らかにし、ただ黙々とそれをこなしていくことに徹しよう」

行動にブレーキをかけないために、何をすれば良いかだけを考え、整理してみることにして、その他のことは考えないようにしました。

まず企画書を作成しなくてはなりません。そのために以前他の人が書いた企画書をいくつか集めようと思いました。それに目を通した上で、どういう企画書を作成すれば良いのかを検討しようと考えたのです。その後、企画書に盛り込むべき項目を明らかにしてそれを書き出していくことにしました。このように、具体的にどのように行動するかを明確にしていったのです。

ルーティンは進めることに不安のない業務

今度は行動にブレーキになるようなことは考えないようにしようと強く決意しました。そうすれば後は行動するだけになると、そう思ったのですが、やったらいいことはわかっているのに、なぜかやるべきことが手につきません。やるべきことを引き延ばしてしまい時間ばかり過ぎていきます。そして、いま、さしあたってやらなきゃいけないわけでもない日常のルーティン業務ばかりを優先してやってしまいます。
ルーティンな業務は何をやればいいか明らかで、進めることに不安がない業務です。直樹さんはルーティンの業務をやることは元々あまり苦痛ではありません、苦手なことに手をつけるよりも、やっていても楽なものばかりに目が行ってしまう。そうやって急ぎではない業務ばかりやっているうちに1日、2日と時間が過ぎていきました。

企画書の作成を引き延ばしているうちに、会議の日が1日また1日と近づいてきます。引き延ばし始めて2日もたつころには、企画書の期限である次週の会議がとてもおっくうに思えてきました。納期が、そして企画書が重くのしかかってくるような感じです。だから直樹さんは、会議のことを考えないようにしようと決めました。

しかしそれとほとんど同時に、あれほど不安にならないように、心配しないようにしていたのに、心配が湧き上がってくるようになりました。「本当にうまくいくのだろうか？」「うまくいかなかったらどうしよう？」「このやり方で本当にいいんだろうか？」「自分が任されたけれど、結局周りに迷惑をかけることになるのではないか？」「自分にはそういう業務はできないのではないか？」など、止めようとしても、いいえ止めようとすればするほど心配事が次々と湧き上がり、不安が強くなってきます。ああでもないこうでもないと考えるところにとどまったままで身動きが取れない。直樹さんのいまの感覚は、そんな窮屈な感じでした。

直樹さんは焦る気持ちを抑え、考えるのは企画書のことだけにしようと何度も試みます。「考えても仕方がないことだ」「考えるよりも行動すれば良いんだ」などと心配事を考えないように試みてみます。しかし、どうやっても頭に心配が湧き上がってきて、不安になってしまうのです。

わかってはいるけど、心がついてこない

直樹さんのように心配ばかりしてしまい不安になって行動にブレーキをかけてしまう人は、その多くが解決策として心配しないように試みた経験があります。心配事を考えないようにと努力するのです。

「やるべきことはわかっているのだから、やるべきことを行動することだけに徹して、心配事を考えないようにすると良いのではないだろうか？」と解決策を考えます。しかしまずその解決策がうまくいくことはありません。なぜなら、彼らは湧き上がる不

安を止めることができないからです。

確かに私たちは考えを止めることは可能です。それがあくまでも不安という感情を伴わない思考の領域で行われている考えであれば、自分の意思で止め、コントロールすることは可能です。たとえば、来週訪問する顧客企業にどういう提案するかを考えていたけれども、いまは来週訪問する顧客のことは考えずに今日訪問する顧客企業のことを先に考えよう、というふうに考えをコントロールすることはできるのです。

しかしながら行動にブレーキをかけてしまう〝心配〟は、思考という領域だけで行われているものではなく、**不安という感情の領域でも行われているものなのです**。どちらかというと不安という感情が優先し、それに心配事という思考がついてきている感じです。思考だけならばストップできる。でも私たちは、頭でわかったからといって感情をストップすることは難しいのです。

たとえば、大切な人を失った人が「もういなくなってしまったのだから考えるのをやめよう」と、簡単に考えをやめることができるでしょうか。それは難しいでしょう。なぜならば、悲しみという感情は頭で考えるだけではコントロールできないからです。

強い感情を思考でコントロールすることは難しいのです。

悲しみは、悲しみが癒えないことにはコントロールできるようになりません。悲しみが癒えて悲しい気持ちが減っていったときには、「もういなくなってしまったのだからいろいろ考えるのをやめよう」とコントロールも可能でしょう。

不安も同じようなものです。不安そのものが減っていったときに初めて、コントロールできるようになる、つまり心配することをストップできるのです。

性格を変えるくらいなら、いまのままでいい

そんないい加減にやるなんてありえない！

いつまでたってもやろうとしていない直樹さんに業《ごう》を煮やしたのか、「企画書は進んでいるの？」と上司が声をかけてきました。直樹さんは、「それが思うように進んでいないのです」と答えようかとも思ったのですが、そう答えると「やっぱりできないやつだ」と思われるのではないかと不安になってしまいました。そして「まあぼちぼちです」とあいまいに答えてしまいました。

そう答えた後で、「あいまいに答えたことでやっぱりできない人間だ」と思われたのではないかと不安になりました。もしかすると「やっていないことをやっているかのように誤魔化している」と誤解されたのではないかと、またさらに不安が強くなりました。直樹さんは、ここでもどうしようもないことを心配してしまっています。

上司はさらに、「企画書が煮詰まっているのだったら、本田君にでも相談してみるといい。企画書作成の進め方で何かわからないところがあるなら教えてもらったらいいよ」とアドバイスして彼のデスクの前を去って行きました。

「やっぱり私より拓也のほうが企画書をきちんと作成できる能力があると評価されているんだ」と思って、彼は少し嫌な気分になりました。嫌悪と不安が入り混じったような複雑な気分です。自分の評価が拓也さんよりも下ということよりも、拓也さんの企画書作成能力についての高評価に嫌な気分を感じたのです。

直樹さんは以前、拓也さんがリーダーとなって企画書を作成しているところを見て、どういう進め方をしているか知っていました。企画書を作成しているときに拓也さんは、「企画書は適当にすませてしまおう」「あれこれ考えるよりもさっとやってしまおう」「企画書はとにかくまずは伝わればいいんだ」というい加減なことを彼のチームのメンバーに対して言っていました。

直樹さんはその言葉を聞きながら、「適当にすますとか、さっさとやるとか、そんないい加減なことをやろうとするなんて何を考えているんだ」と腹立たしくなりました。「会社にとって大切な大きな仕事を、自分だったら、そんないい加減にやることはありえない」とも思いました。

その時々で言うことが違っていいの？

それだけではありません。拓也さんはその時々で言うことが変わることも知っています。「ここには、ざっと実施項目だけ書けばいい」とチームメンバーに指示したかと思うと、実施項目だけを書いてきたチームメンバーに対して、「ここには、目標数字まで書いてくれないと困るんだよ」といったふうに前の指示と違うことを悪びれた様子もなく平気で言ってのけるのです。明らかに以前の自分の指示があいまいでいい加減だったのに、そのことには謝罪の言葉のひとつもなく、自分が正しいかのような態度なのです。

直樹さんは拓也さんのチームメンバーではないので、指示が変わることについて直接の迷惑を被ったことはありませんが、以前に拓也さんのチームで仕事をしていた後輩から「拓也さんから前に指示された通りに作成した書類を提出したら、もっと細かく書きなさいと書き直しを命じられたんですよ。拓也さんはその時々で言うことが違うんです。前に言ったことを後で平気で変えてしまうんですよ。だから混乱することがあるんですよ」といった愚痴を聞かされたことがありました。

確かに拓也さんは、仕事は早いし上手に自分のやっていることをアピールできる表現力もあるため上司からの評価が高いのは理解できます。しかしながら、「企画書の作成について、あんないい加減な進め方をしている彼のやり方が、自分のやり方よりも評価が高いのはどうしても納得ができない」と悔しさに似た気分を感じてしまいます。

開き直ることへの不安

その日直樹さんは、拓也さんと比較されたことで嫌な気分を抱えたまま帰宅しました。家に帰って夕食を終えると、息子の陸君と彼の妻の香織さんが口論を始めました。事の発端は、香織さんが陸君から、明日の朝学校に持っていかなくてはいけない模造紙を買っておくように依頼されていたにもかかわらず、その準備を忘れてしまっていたことです。

「だから何度もごめんなさいって言ってるでしょう」香織さんが言います。納得できない陸君が「だから何日も前から言っていたのに、頼んでおいたのにどうしてちゃんと準備しておいてくれなかったんだよ」と文句を言います。

「だって仕方がないでしょう、私も忙しくてばたばたしてて忘れたんだから」

「明日、僕の班で模造紙を使って作業しなきゃいけないのに」

「だから、〝お母さんが買ってくるのを忘れてました、ごめんなさい〟って謝ればいいでしょう」

「そんなこと班のみんなに言えるわけないだろう。模造紙を準備するのは僕の役目になっているし、それがなかったら班のみんなに迷惑をかけるし、みんなに何て思われてしまうか」

陸君はどうも明日学校で班のみんなから悪く思われるんじゃないかと不安になってしまっているようです。

「そんなことを言ってもこの時間にもうお店は開いてないんだから買えないでしょう」。香織さんは面倒くさくなったのか開き直ってしまいました。

それでも陸君はまだ気持ちが収まりません。「あれほど頼んでいたのに」とぶつぶつ文句を言いながら「どうしよう」と不安で落ち着かない様子です。

そんな息子に妻が、「心配したって仕方ないでしょう。あなたはいつもどうしようもないことをあれこれと心配しすぎなのよ。もうどうしようもないことなんだから、もっと開きなおって堂々としなさい」と強い口調で言い放ちました。

直樹さんは香織さんの言葉に強い嫌悪を感じました。不安が入り混じったような独特の嫌悪感です。直樹さんには陸君の気持ちはよくわかります。直樹さんも陸君と同じような状況に置かれてしまうと同じように不安で仕方がないだろうと思います。でも、香織さんが言っていることも頭ではよく理解できます。確かに心配してもどうしようもないことを心配しているのです。かといって、あのように開き直る態度ってどうなんだろうかとも思います。直樹さんには、開き直る態度はどこか投げやりな態度と同じに見えてしまいます。

直樹さんは、開き直ることを考えると、それはそれで何とも言えない不安や嫌悪を感じてしまうのです。開き直ることは大切かもしれないけど、そうやって開き直るから準備しなきゃいけない大切なものを忘れたりするんだ。開き直るから自分に責任を持てなくなるんだ。そして、そうやって十分に反省せずに開き直っていると、この先また準備しなきゃいけないものを忘れたりするんじゃないのか、と思い不快な気持ちになってしまいます。

心配しているからこそ、人生はうまくいく？

行動にブレーキをかけてしまうような不安を持っている人の多くは、直樹さんと同じように考えます。もっと開き直って行動するというのは確かに一理あるとも思えるのですが、そういう性格になるとなれば、それはそれでざわざわするような不安を感じてしまうのです。

どうしようもないことを心配しすぎというのはその通りかもしれないけれども、心配しているからこそ人生に大きな失敗がなくやってくることができているのではないだろうかとも思うのです。

心配していないと将来が不安なのです。そして開き直るというのはいい加減さを意味しているようでまた嫌な気分を感じます。直樹さんが昼間、上司から拓也さんにアドバイスを求めたらと提案されたときに感じた気分、そして先ほど香織さんに感じた気分、不安と嫌悪が入り混じったような独特の気分の正体はこれなのです

直樹さんだってあれこれ心配することをやめてもっと行動できるようになりたいと思いますし、変われるものなら変わりたいと願っています。そのためにもっと開き直

れたらと頭では思うけれど、でもだからといっていい加減な人間にはなりたくない、注意深く用心深いからこそ問題なくやれている気もするし、いい加減になるとこの先良くないことが起きそうで不安になってしまう。

ここで堂々巡りに陥り不安になってしまっています。だったらこのままで変われないことになってしまいます。

直樹さんは、そして陸君も、不安ばかりが大きくて、安心な気持ちが足りないようです。

不快な気持ちだけを何とかしたい

心配をやめることもまた不安

翌朝直樹さんは、「班のみんなから何か言われないかな」と不安気に学校に出かけていく陸君を送り出し、自身も会社に行く道すがらいろいろ考えていました。陸君の気持ちは良くわかるだけに今朝の不安気な表情を見ていると、何ともいえないかわいそうな気持ちになってしまいます。そして「あんなに不安にならなければもっとラクなはずなのに」「あの不安だけが過剰なんだ」「あの不安だけ何とか減らすことができたらラクになるのではないか」と考えました。

やっぱり、その場その場で言うことが変わる拓也さんのようないい加減な性格は好きではありません。後輩から「あの人は考えないで思いつきで行動しているんですよ。だから指示がころころ変わるんですよ」とぼやかれてしまう、そんな性格は嫌だけれども、不安になりすぎるのは問題。だから不安だけを減らすような方法を見つければ、もっと行動できるようになるのではないか、直樹さんはそう考えました。

そもそも不安になるのは失敗してはいけないと思いすぎているから。そこで直樹さんは「失敗したっていいじゃないか」「人からどう思われたっていい」と思えればいいと考え、その気持ちを高めるために、その言葉を口に出してみました。「よし、これを今日仕事前に言葉にしてから仕事に取りかかろう」直樹さんはそう決意しました。

行動にブレーキをかけてしまう不安を持っている人の多くは、強い不安だけを何とかできないだろうかと願っています。そして心配しすぎることをやめたいとも言います。そう言いながら彼らは心配することをやめたくないのです。心配することをやめることもまた不安なのです。直樹さんのように「失敗したっていい」と自分に言い聞かそうとしても、実はあまりうまくいきません。頭で理解しようとすることと不安を減らすことは別なのです。

「心配しない人＝いい加減な人」ではない

そしてもうひとつ重要なことがあります。前章で述べた通り、彼らの多くは、心配していること、心配しすぎて不安になっていること、そして行動できないようになってしまっていることを、〝考えている〟と思い込んでいます。考えすぎるから行動ができないと思っています。しかし彼らは考えているのではなく。ただ心配しているのです。

〝考え〟は結論が出ます。考える行為の先に結論があるのです。しかし〝心配〟はどんなに時間をかけても結論が出ることはありません。心配をやめるかやめないかしか選択肢がないのです。心配していることを考えていると思っている、だから心配をしない人たちを見ると、その人たちが考えない人、いい加減な人に思えてしまうのです。しかし、心配しない人はいい加減な人ではありません。不安を減らす前にそこを理解することが大切です。

そしてもうひとつ、いい加減だと嫌悪し批判を向けてしまう相手に対して、本当はどういう感情を持っているのかを受け入れることも大切です。これは受け入れがたく、否定したくなるかもしれませんが自分を正しく理解することは、不安を減らすステップに向かう上で大切です。彼らの多くはいい加減だと嫌悪する人たちに対して嫉妬していきます。自由に行動できることをうらやましいと思いながらも、それを認めたくない気持ちが嫌悪や批判になってしまっています。

直樹さんは拓也さんに嫉妬しています。直樹さんが、「本当は私は拓也さんのことがうらやましい」「拓也さんのように心配しないようになりたい」と受け入れること、これは不安を減らす前に必要な、自分を理解する大切なステップになります。

直樹さんは、「私が拓也を本当はうらやましいと思っているなんて、嫉妬しているなんて、それは受け入れられない」「そんなことを受け入れたら、いままでの自分を否定してしまうみたいで嫌だ」と思いました。

その気持ちはわかります。しかし、うらやましいと思っていることを受け入れるのは、いままでの自分を否定することではありません。いままでの自分は自分で良かったのです。まして、受け入れることは相手に負けることでもありません。ただこれからもっと自由に行動できる人に生まれ変わっていくために受け入れるのです。自分のために受け入れていくのです。

直樹さんは、「拓也をうらやましいと思っていることを受け入れること、それは拓也に負けることではない。自分をより良くしていくために受け入れるのだから、**受け入れるということは負けているのではなく勝っているんだよな**」とつぶやきました。

不安はイライラを誘発する

こうして心配にエネルギーが吸い取られていく

直樹さんはこの日職場に着いてから、まず通勤途中に自分で決めた言葉を口にしました。「失敗したっていい」「どう思われたっていい」。そう気合を入れてデスクに行きました。

しかしデスクに座ると、企画書の納期のことが気になって仕方ありませんでした。「このまま企画書ができ上がらなかったら、昇格どころか私の信用は失墜し大変なことになってしまう」「でも、自分が考えているようなもので本当にいいんだろうか？」「自分が立てた企画通りにやって、会社に迷惑をかけたらどうしよう」「そもそも自分が考えていることなんて、もう他の人が考えているようなことなのではないか？」

頭の中をいろんな心配事がぐるぐる回っていて、不安が募るばかりです。今朝不安を減らせたらと願っていたのに、不安はより一層強くなっています。

これではいけないと、「どう思われたっていいからとにかく行動」と、他のチームの人に企画書のことで相談したい旨を告げました。するとその人から返ってきたのは、「今日は月末日なんだからそんな暇はないことくらいわかるだろう。相談は良いけど自分の都合だけじゃなくて周りの状況も見ろよ」との冷たい言葉でした。

直樹さんは、タイミングの悪さを指摘されたことで余計に不安になってしまいました。素直に謝り、ただ行動を修正すればいいのですが、そこには目が向かず、自分が否定された感覚でいっぱいになり、落ち込んだ気分や相手に嫌われたのではという心配でエネルギーがなくなっていく感覚を覚えました。

そのすぐ後、彼のチームメンバーである大介さんから、「企画書、今日あたり作成を進めておかないと来週の会議までに間に合わないのではないですか？」と言われ、「いちいち言われなくてもそのくらいわかってるよ」とかなり強い口調で返答してしまいました。普段温厚な彼の強い口調に、大介さんも驚き戸惑ったようでした。

彼は、「大介君から不機嫌だと思われてしまったのではないか」「感情的な人間だと思われたのではないか」と不安になったものの、「いまの言い方きつかったね、ごめんな」とも「企画書の件、気にかけてくれてありがとう」とも言えず、その場を立ち去ってしまいました。

その後直樹さんは、「大介君にああいう言い方をして、変に思われたんじゃないか？」「嫌われたんじゃないか？」と不安になってしまいました。

行動できない自分に腹が立つ

朝に相談を断られたせいか、またはだんだんと納期が近づいてきているからか、それとも今朝大介さんに対してあのような態度を取ってしまったからか、今日の直樹さんはイライラしています。

デスクに座っていても落ち着かないし、座りながら右足をつま先だけで支え、しきりに足を縦にゆすっています。また苦手ではないはずのルーティンの仕事もイライラしてなかなか進みません。このイライラは、やり場のないイライラという感じで、解消する糸口が見つかりません。そしてこんな気分のとき、直樹さんは極端に効率が失われ、無駄な動きが増え、過剰におどおどした態度になってしまいます。

昼休みになりました。直樹さんはこのままイライラしていてはいけないと思い、自分が何にイライラしているのか整理してみました。「思い通りに進まないこと」「やるべきことはわかっているのにやっていないこと」「何も手につかないままにまた1日会議が近づいていること」「思い通りに進まないのは不安な気持ちが原因だけど、不安が減らないこと」「納期が近づいて不安がますます強くなっていること」などなどです。

そして行動にブレーキをかけていると余計に不安が強くなっていくという悪循環になっていると思いました。

頭では、あれこれ考えるよりもやるべきことをやればいい。それはわかっている。でも、わかっているんだからやればいいと思えば思うほどイライラが強くなる。わかっているのに行動できない自分に腹立たしい気分を感じているのです。

やり場のないイライラの正体

この状態はどういう状態でしょうか。これは、やればいいと頭でわかっているけど行動しない。わかっているのに何でやらないんだと自分の心の中で自分を責めている状態です。自分で自分を責めて、自分をイライラさせているという心の状態です。「何でわかっているのにやらないんだ」「何でいつもそうなんだ」そう自分を責め続けているのです。

こうなってくると、精神状態はかなり良くありません。何とかイライラから脱出しないと、やらなきゃいけないことがますます手につかなくなってしまうからです。

このように不安はイライラを誘発します。一般的にイライラというのは怒りに似た感情だと思われがちなのですが、私たちは悲しいときや不安なときもイライラします。だから不安で行動にブレーキをかけてしまう人にもイライラが強い人が多くいます。

腹が立っていてイライラしているのであれば、その怒りを発散することで収まりますが、悲しみや不安でイライラしているのであれば、それらの感情が収まらないとイライラも収まりません。

つまり、直樹さんのように、不安でイライラしているときに、いくらイライラを他の人にぶつけて、怒りを発散するようにしてみても、イライラは収まらないのです。

それどころかその結果、人からどう思われただろうかと心配してしまうので、余計に不安が強くなります。

本当は不安だけどイライラする、だからやり場のないようなイライラと感じてしまう。イライラの正体は怒りではなく、不安感なので何かにぶつけても解消されない。解消されそうにないので解消の糸口が見えない。

彼のイライラを収めるためには、彼の持っている不安を何とかしないといけません。イライラを収めるためには不安を減らすことが大切なのです。

第3章

子どものときには必要だったこと

「不安」の底にある
インナーメッセージ

心配は根拠のない思い込み

「ちゃんとできないと怒られるから……」――陸君の訴え

不安を減らすことがうまくいかなかった直樹さんは、ここであきらめず、どうすれば不安を少なくできるかを考えました。世の中には不安が多い人もいれば多くない人もいる。不安で行動にブレーキがかかってしまう自分のような人もいれば、思いつくままに行動できる人もいる。同じ人間なのだから、自分だって不安の少ない人間になれるはず。彼はそう思って、不安を減らす方法を考えてみることにしました。

彼は家に帰り、陸君の話を聞くことにしました。今日、模造紙を持っていけなかったことでどうなったのか、それが気がかりでもありました。香織さんがお風呂に入ったためリビングは直樹さんと陸君のふたりだけになりました。そこで直樹さんは話を切り出してみました。

「今日、模造紙持っていかなかったこと、どうだった？」

「うん、みんなに話して、みんなにはわかってもらえたけど、でも……」

「でも、何だい？」

「でも、次は二度と忘れ物したりできないよ。今度忘れると、同じ班のみんなからどう思われるかわからないし、先生からだってどう思われるか」

陸君は今日何とかなったことより、次に忘れ物をしたらどうしようと心配しています。直樹さんは陸君が訴える不安が本当によくわかります。直樹さんも陸君と同じ立場だったら同じように心配してしまいそうです。やっぱり親子だから良く似ているのかなとも思いました。

陸君の不安を減らすために、もう少し話を聞いてみることにしました。

「どうしてみんなからどう思われるかとか、先生からどう思われるかがそんなに不安なの？」

「だって、悪く思われると、取り返しがつかないから」

なるほど、陸君が言っているその理屈も直樹さんには良く理解できます。

「なぜ、取り返しがつかないと思うんだ？」

「何かわからないけど、取り返しがつかない大変なことのような気がするんだよ」

「何がそんなに大変なんだい？」

うまく答えられないことをしつこく聞かれて責められているように感じたのか、陸君は少しイライラしながら返答しました。

「良くわからないよ。でもお父さんがそう言ってるでしょ？　お父さんがいつも僕をそうやって脅すからだよ。だから間違ってないか不安になってしまって行動できないんだよ。お父さんがいつもいつもそうしろって言ってるんだよ」

「私がいつそういうことを言ったかな？」

他人事のように尋ねた直樹さんの言葉に、陸君はかなり感情をあらわにします。

「だって、〝ちゃんと考えなさい〟とか、そして考えたら考えたで〝本当にそれでいいのか？〟とか、〝ちゃんと考えとかないと後悔しても遅いんだぞ〟とかいつも言うでしょう。そんなことをいつも聞いていると、もし失敗したりすると取り返しがつかない大変なことになりそうで怖くなるよ」

話をするうちに感情をエスカレートさせ興奮しながら陸君は続けます。

「それにお父さんは、僕が小さいときから、僕がうまくできなかったときに〝ちゃんと考えなかったから失敗するんだ〟と怒っていたでしょう？　ちゃんとできないと怒られるから、何かをやるのが怖くなってしまったんだよ」

陸君はいままで我慢していたのか、勢いよく言いたいことを言い終わった後涙を浮かべています。陸君の口調は強く父親である直樹さんを責めていました。

性格の問題か？　親の関わり方の問題か？

直樹さんは陸君の言葉を聞いてショックを受けました。

陸君が自分に似てあれこれ心配することが多く不安が強いことはわかっていましたが、親子だから性格は似るものだと思っていたのです。つまり、陸君の不安が強いのは自分の関わり方の問題ではなく元々持って生まれた性格的な問題なのだと思い込んでいたのです。

しかし陸君の話を聞くと、陸君が心配しすぎること、そして不安が強くなることは自分の関わり方が原因だったのです。

陸君は言いたいことを言った後、少しバツが悪そうに直樹さんの顔色をうかがいながら自分の部屋に行ってしまいました。

直樹さんはひとり残ったリビングで自分の子どものころのことを思い出してみました。自分の不安の原因が何かを探ってみようと思ったのです。振り返って考えてみると、彼の父親は心配症でした。直樹さんが子どものころから何かをやろうとしたときに「本当にそれでいいのか？」「ちゃんと考えてやらないと後で大変なことになってしまうぞ」と言っていました。

直樹さんが小学校のときに、友達数人と夏休みに自転車で10キロメートルくらい離れた水族館までサイクリングに行く計画を立てました。直樹さんはそれを楽しみにしていました。でも父親から「きちんと計画は立てたのか？」「本当に大丈夫か？」「自転車の事故は多いんだぞ、事故に遭ったらどうするんだ？」などと何度も言われたために、不安になってしまい、サイクリングに行くことが怖くなってきました。そして結局、サイクリングに行きたくなくなってしまい、友達に断ったことがありました。

また父親から、「そんなことをやっていると人生失敗する」とか「一度失敗すると一生取り返しがつかないことだってある」「そんなことをしていると人から変だと思われるぞ」「そんなことをしていると人から何と言われるか」などと頻繁に言われていたことも思い出しました。

そういうことを何度も繰り返し言われるうちに、「物事は後悔する結果になる」「失敗したら取り返しがつかない」「人は私がやることをおかしいと思う」「人は私に良くないことを言う」といった思い込みを持つようになったことが理解できました。

不安と心配、どちらが先か?

これらの思い込みは、直樹さんがいまでも持っているもので、日ごろの心配事に深く関係しています。そして直樹さんは父親の言葉を聞いているときに不安な気分にさせられていたんだと気づきました。「私の心配は事実ではない思い込みなんだ」「そして心配するから不安になる」「しかもその思い込みは子どものころに親から教えられたものなんだ」。直樹さんはそれらのことを理解しました。

不安の裏には思い込みがある。そしてその思い込みの多くは子どものころから持っているものです。そこまでは直樹さんが気づいた通りです。

しかしながら、一般的に不安が先に湧き上がって、不安だから心配してしまうというのもまた正しい感覚でしょう。じゃあ、心配が先と不安が先、どちらが正解でしょうか？

実はどちらも正解です。心配は事実ではない思い込みです。その根拠のない思い込みを心配し、不安になるのは正しいでしょう。しかし心配し始めるときにすでに不安になってしまっているというのも正しいのです。

実は、心配するから不安という問題の根底に、不安や心配を次々に生み出す根っこの問題が存在します。もし不安を減らし、心配をやめたいと思うのであれば、その基底にあってそれらを生み出している原因、それを解決することが必要なのです。

それを「インナーメッセージ」といいます。

思い込みの源泉——インナーメッセージとは何か①

思い込みの奥の根っこにあるもの

インナーメッセージというのは、「事実ではない歪んだ考え方」「不快な感情」「好ましくない反応や行動」の基となっているものです。つまり私たちの思い込みや不安を生み出す源泉のようなものです。

直樹さんのケースを通じて、「行動にブレーキをかけてしまうのは不安が強いから、考えているのではなく心配しているだけだから不安が強くなってしまうのだ」と説明しました。その心配とは、「もし失敗したらどうしよう」「うまくいかないかもしれない」「人からどう思われるだろう」といったもので、その背景には「私がやることはうまくいかない」「人は私のやることを良く思わない」などの思い込みがありました。

実は、これらのさらに奥に根っこの問題があります。それらが、

・私は行動してはならない
・私は決めてはならない
・私は重要ではない

といったインナーメッセージです。インナーメッセージは他にいくつもありますが、これらはインナーメッセージの中で、行動のブレーキに関係が深いものです。

論理的な根拠がないままに

私たちは幼い子ども時代にインナーメッセージを取り入れます（決断します）。なぜそれを決断するのかというと、環境に適応して生きるためです。つまり、「なぜそうするか」という客観的で論理的な理由がないまま、そうしたほうが生きやすいという直感で決断してしまうのです。

たとえば、小さな子どもが何か行動しようとしたときに、親から「ダメだ」と強く禁止されたり、「危ない」と脅されたとき、小さな子どもにとってそれは「私は行動してはならない」という禁止メッセージになります。

そのとき小さな子どもは、行動を禁止された理由が何であるかということを考えることはできません。禁止メッセージにただ萎縮し、怒られて自分が恐怖を感じないために「私は行動してはいけない」と決めるだけです。

それは客観的思考力を使ったものではなく情緒的な反応によるものです。だからじっくり考えて行動をやめるというよりも、直感的な反応として行動をストップしてしまうような感じです。

そして、ひとたび「私は行動してはならない」というインナーメッセージを決断した後は、自分が何かを行動しようとしたときに、禁止メッセージを受けたときと同じ感情（この場合は脅され怒られるんじゃないかという不安）を味わいます。こうして行動しようとするときに不安が湧くようになるのです。

同じ感情を味わうとは、犬に噛《か》まれて怖い思いをした人が、その後同じ種類の犬を見たときに、その犬が噛むか噛まないかに関係なく怖い気持ちを味わうようなものです。

実は直樹さんも、思い込みが生み出す心配が不安の基になっているとは理解していますが、「〝心配するから不安になる〟というのもわかるけど、不安が先に湧き上がって〝不安だから心配している〟ような気もする」とも感じています。

それは、思い込みの根底に、インナーメッセージの存在があるからなのです。

思い込みとインナーメッセージの違いについて述べておきましょう。**思い込みは親が言った言葉を取り入れたもの、それに対してインナーメッセージは親の態度に対して情緒的に決断したものです。**そして思い込みよりもインナーメッセージのほうが、より小さいころに決断されています。

直樹さんは、「私は行動してはならない」のインナーメッセージを決断した後、父親の言動から「失敗したら取り返しがつかない」「人は私がやることをおかしいと思う」「人は私に良くないことを言う」といった思い込みを取り入れています。

折にふれ、そのときの感情がよみがえる

このようにインナーメッセージは、子どものころに養育者、つまり親との関わりの中で決断されるもので、自分の思考や感情や行動の源になります。つまり「私は行動してはならない」というインナーメッセージは、不安を湧き上がらせ行動をストップ

させる源になるのです。

人は、成人し大人になってからも、インナーメッセージを決断した場面で感じた感情とインナーメッセージを再体験します。同じような状況に遭遇したときに、瞬時にかつて決断したときの感情を味わい、インナーメッセージに従います。

成人し会社勤めをしている直樹さんの場合は、仕事で何か行動しようとするたびに、子どものころの「私は行動してはならない」と決断した場面に引き戻され、そのときに感じた不安（怖れ）と行動してはならないという心の声を聞くことになるのです。

決断したのは子どものころですが、その決断の場面と輪ゴムでつながれ、同じような状況に遭遇したときに輪ゴムで元の場面に引き戻されるように、子どものころと同じ感覚を体験します。

鵜呑みにした親の歪んだ考え方

それでは心配の裏にある思い込みはどうやって身につけるのでしょうか。

それはインナーメッセージを決断した後です。

インナーメッセージの多くは、まだ言葉の意味を十分に理解しない時期に決断します。この時期の子どもは思考ではなく感情でいろんなことを取り入れていきます。こうすると親から愛してもらえないから怖いとか、こうすれば怒られるから怖いとか、そういうことを理屈ではなく直感的に決断します。インナーメッセージの決断は早いものは1歳より前になされ、多くは5〜6歳ころまで、遅くても10歳までには終えています。

そして決断されたインナーメッセージは、多くの場合、一生その人の行動に影響を与え続けます。親の言葉が意味するところを十分に理解しないころに決断したインナーメッセージは十分に生きているのです。

子どもは親の言葉を理解するようになってから、自分のインナーメッセージを裏づける考えを次第に持つようになります。「行動してはならない」というインナーメッセージを正当化する考えを親から取り入れるのです。たとえば、「私は行動してはならない。なぜなら私は行動してもやり遂げる能力がないから」のように。それはどうして行動してはならないのかという理屈ともいえます。そしてこの理屈こそが歪んだ考え方、心配の基となっている思い込みなのです。

大人の持つ思考力を子どもが身につけるのは中学生くらいからです。それまでは子どもの思考力はまだ十分ではありませんから、歪んでいる理屈を事実かどうか十分に吟味することなく、そのまま鵜呑みにしてしまいやすいのです。その上、そもそもインナーメッセージ自体が「行動してはならない」などという不合理なものなのに、それを説明する理屈を取り入れようとするので、取り入れる理屈である思い込みも歪んだものなのです。行動にブレーキをかける思い込みを取り入れる時期は、一般的に小学生のころが多いようです。

思い込みを変えることに失敗！

思い込みは普段意識されるのに対し、インナーメッセージは普段から意識されることが少ないものです。そのために思い込みの奥にインナーメッセージがあるということが理解しにくいかもしれません。

以前直樹さんは、思い込みを変えようと試みたことがありました。客観的な事実を明らかにすることで歪んだ思い込みを正そうとしました。わかっているけど払拭できない思い込みを修正するために、思い込みにそれぞれに対して事実はどうなのかを書き出してみました。

「失敗したら取り返しがつかない」は「失敗しても取り返しがつくことがある」、「人は私がやることをおかしいと思う」は「私がやることをおかしいと思わない人もいる」、「人は私に良くないことを言う」は「私によくないことを言わない人もいる」とそれぞれ書き出しました。そしてこれらが真の事実なんだと自分に言い聞かせてみました。確かにこれらは事実志向で客観的な考えです。

しかしそれでも不安は湧き上がりました。事実は違うと自分に言い聞かせて納得させようとしても、行動することが不安なのです。

これが、思い込みの奥にインナーメッセージがあり、思い込みは単にインナーメッセージを支持する根拠に過ぎないということを、当の本人が実感している状態です。思い込みの奥にインナーメッセージがあるので、思い込みだけを変えることができないのです。

インナーメッセージと思い込みはこうして結びつく

「インナーメッセージ」とそれを正当化する裏づけである「思い込み」との関係につ

いて理解を深めるために、行動にブレーキをかけるインナーメッセージをもうひとつ例示します。

自分のことを価値がないと思っていて自分がやることに自信がない人がいるとします。その人は「私は重要ではない」のインナーメッセージを決断していると考えられます。

たとえばその人が幼い子どものとき、親がその子の話は面倒くさそうにしか聞いてくれないのに、その子のお兄ちゃんの話は嬉しそうに聞いているという状況を何度も体験したとします。幼いその子は親がその子を大切に扱わない態度から「私は重要ではない」というインナーメッセージを決断します。そのように決断したほうがその子は少しだけ生きやすいのです。自分のことを重要じゃないからと決断したほうが、大切に扱われないという環境で生きることのつらさは少し軽減できるのです。

そしてその決断の後、ある程度親の言葉や態度が理解できるようになってきたころ、兄のほうが親から愛されているという事実が理解できるようになります。そして「私は重要ではない、なぜなら私は人から愛されない」と、インナーメッセージを正当化する思い込みとして、両者と結びつけていくのです。

不安の源泉——インナーメッセージとは何か②

インナーメッセージを強固にする——自分に関する歪んだ思い込み

歪んだ思い込みには、心配の源泉となるものがたくさんあります。第1章で不安の種類として記したようにそれらは、

①自分について
②他者について
③世の中や将来について

と3つの考え方に分類できます。

①の自分についてとは、

・私はやり遂げる能力がない
・私は計画を遂行する能力がない
・私は結果を出す能力がない
・私は物事を成功させる能力がない
・私は説明する能力がない
・私はタイミングを逃す
・私は大きなことをする能力がない
・私の能力は不足している、私は他者より能力が不足している
・私は人に迷惑をかける人間
・私はそういうことをする価値がない人間
・私はできない人間
・私はこれをやる価値がない人間
・私は重要な価値がない人間
・私は評価される価値がない人間
・私は成功できない人間

・私は人に不利益をもたらす人間
・私は欲した通りにやれない人間
・私は人に迷惑をかける人間、私は邪魔な人間
・私は正しくやれない人間
・私は良くない人間

などです。これらの思い込みは心配を作り出し、自分を不安にさせてしまう歪んだものです。そして前述の通り、「私は行動してはならない」「私は重要ではない」などのインナーメッセージを正当化し、それを後押しすることになります。

そしてこれらは、「私は行動しても人に迷惑をかける人だ。だからやっぱり私は行動してはならない」といったように、インナーメッセージをより一層強固なものにすることになるのです。

親の反応は社会の反応——他者に関する歪んだ思い込み

②の他者についても歪んだものの見方を示します。これらの多くは、子どものころ

の彼らに対する養育者の反応が大きく影響します。たとえば、自分の言うことに対して、親がいつも「それはダメだ」と拒否したとします。そうすると彼らは「親は私がやろうとすることに同意しないものだ」という考えを取り入れます。

小さいころの子どもにとって、親は彼らの社会でもありますから、親が彼らに対して示した反応は、社会の人々の反応です。その後、成人してからは他の人も同様の反応を示すものだと思い込むようになります。

これも多くの場合、親から思い込みを取り入れるより以前に、インナーメッセージを決断していると考えられます。もしインナーメッセージを決断していなければ、親が子どもに対して「ダメだ」と繰り返し拒否したとしても、それは単に親がある特定の事柄を拒否しているだけであり、人は私を拒否するとまでは思い込まずにすむと思われます。

インナーメッセージを決断した後、「親は私がやろうとすることに同意しないものだ」という考えを取り入れ成長した彼らは、「人は私のやろうとすることに同意しないものだ」と思うようになるのです。そして「どうせ私が何かを言っても、どうせ人は私の言うことに同意してくれないから」を行動にブレーキをかける理由づけにしていくのです。

同じように、「人は私の考えを誤解するだろう」という他者に関係する歪んだ思い込みは、親から常に自分が言うことを誤解された経験から、また、「人は私を嫌がるだろう」という歪んだ思い込みは、親から頻繁に嫌がられた体験や「人から嫌がられるぞ」という脅しの言葉から形作られたものです。

これらの思い込みは、行動にブレーキをかける「私は行動してはならない」というインナーメッセージを正当化してしまうのです。

・人は私をおかしいと思う
・人は私に同意しない
・人は私を出すぎていると思う
・人は私を嫌う
・人は私を嫌がる
・人は私の考えを誤解する
・人は私を迷惑だと思う

・人は私を負担だと思う
・人は私を騙す
・人は私がやることを邪魔する
・人は私についてこない
・人は手柄を横取りする
・人は私を厚かましいと思う
・人は私に嫉妬する
・人は私に良くないことを言う
・人が私のことを知ると良く思わない
・人は私の話を理解しない

他者についての歪んだ思い込みには、このようなものがあります。

親の言葉や生き方から学んだ――世の中や将来に関する歪んだ思い込み

③の世の中や将来についてはどうでしょうか。これらは子どものころの親からの教

えであることが多いものです。

親は子どもに社会のことや世の中のことを教えていきます。子どもは親からの教えを受けつつ、社会また世の中でどのように生きていくかを学んでいきます。子どもはそれらを、親の言葉、また親自身がどのように生きているかという態度から学びます。

心配性の親は、子どもが失敗しないように、危険な目に遭わないようにと、世の中がいかに危険で、注意深く行動し生きていかなければいけないかということを繰り返し伝えていきます。「何かやろうとしても思い通りにことは進まないのが当たり前だ」「物事はよほどの努力をしないとうまくいかないのが当たり前なんだ」などと伝えていきます。

そしてインナーメッセージを決断している子どもは、これらインナーメッセージを支持する考えを抵抗なく取り入れます。これらが世の中や未来に対する思い込みになっていくのです。

また、世の中や未来についての歪んだ思い込みは、子どものころに絶えず「注意深くしていなければ危ない」と思うような環境にいると、身につけることが多いものです。その代表が**親の一貫性がない態度**です。

親が、子どもの言ったことや行動を、あるときはニコニコしながら聞いてくれたにもかかわらず、あるときは感情的に怒るといった態度を示したとします。親に依存して生きている子どもにとって、感情的に怒られるというのは身の危険を感じるほど怖いことです。

親がいつ怒るかわからないというような環境にいると、子どもは「いつ何が起こるかわからない」「いつ危険なことが起こるかわからない」と歪んだ思い込みを持つようになります。これらは子どもに、世の中やこの先の将来に対する心配や不安を与えることになります。

そしてそれらは「私は行動してはならない」というインナーメッセージを強化し、行動に大きなブレーキをかけてしまいます。

代表的な思い込みを以下に挙げておきましょう。

・**世の中には危険なことが多い**
・**世の中は大丈夫ではないことが多い**

・物事はうまく進まないことが多い
・何かをやるとトラブルが起きることが多い
・物事は後悔する結果になることが多い
・物事は正しくやらないといけない
・失敗は取り返しがつかないものだ
・物事は計画通りに（思った通りには）進まない

不安が減らないかぎり何も変わらない

これらの思い込みは、それ自体を変えようとしてもなかなかうまくいきません。これらを事実ではないと自分に言い聞かせても思い込みから逃れられないのです。

また直樹さんがやったように「失敗したっていい」「どう思われたっていい」と、思い込みと逆のことを無理矢理に自分に言い聞かせようとしてもうまくいきません。

一方、客観的な観点から「失敗しても取り返しがつくことがある」と書き出してみたとしても、不安が減らないため、行動にブレーキがかかってしまいます。

なぜ、うまくいかないのでしょうか？　これらの思い込みは思考レベルだけで取り入れたものでなく、感情レベルでも同時に取り入れたものだからです。

もう少しわかりやすく言うと、思い込みは不安を伴っています。かつて、「なるほどその考えは確かにその通りだ」と考えながら受け入れたものではなく、不安な気持ちを感じつつ受け入れたものなのです。また湧き上がる不安な気持ちの理由づけのために取り入れたものなのです。

だから不安が減らないかぎり思い込みだけを変えようとしても、難しいのです。

確かに思い込みが元々の不安をさらに強くしていますので、思い込みが不安を作り出しているのも事実ですが、思い込みの前にすでに存在している不安が問題なのです。思い込み以前の不安を生み出している源、それがインナーメッセージです。

だから本当に思い込みを変えようと思うならば、インナーメッセージを変えるしかないのです。

子ども時代には必要だった決断

怒られずにすむ、とてもよい方法

・私は行動してはならない
・私は決めてはならない
・私は重要ではない

といったインナーメッセージは、行動にブレーキをかけてしまいます。心配や不安を次々に生み出し、自分がやろうとすることに足かせをはめてしまうようなものです。そういう意味では、これはまったく役に立たないものと思えます。しかしながら、これらのインナーメッセージは決断した人が子どものころには役に立つものでした。

たとえば「私は行動してはならない」「私は決めてはならない」というインナーメッセージを持った子どもは、行動しないことやどのように行動するのかを決めないことによって、心配性の親から怒られず怖い気分にされずにすんだため、安全が確保できました。

彼らの親たちは彼らを脅したのです。彼らが行動しようとしたとき、または何かを行動しようと決めたとき、恐い顔をして大きな声で「ダメだ」「危ない」などと言って、彼らが不安になるようにしていたのです。

これは子どもにとっては怖いことです。恐怖を感じないための方法は行動しないこと、どう行動するかを決めないことでした。

また彼らが行動しようとしてうまくやれなかったとき、何度もひどく怒られる経験があったかもしれません。彼らにとって、ひどく怒られないための良い方法は、行動しないことやどう行動するかを決めないことだったのです。

もちろん、幼い子どもがここまで考えて決断するわけではなりません。彼らは怖い思いをせずに、少しでも安全に生きていくために、「私は行動してはならない」と決断したのです。小さな子どもは、恐怖やつらい気持ちを感じることなく生きていくための方法を考えます。そして行動しないことで、またどう行動するかを決めないことで、親から与えられる怖れを回避しました。だからいま、行動しようとするとまた怖い思いをしないかと不安になるのです。

行動しようとすると怖い思いをするという環境で生きていく上で、当時は行動しないことは安全に生きていくために役に立つ決断だったのです。

傷つき悲しむことが軽くなる方法

また「私は重要であってはならない」というインナーメッセージも同じです。子ども時代には役に立つものだったのです。

子どもは誰でも親から重要な存在として扱われたいものです。自分を何より大切な存在として扱ってほしいのです。それは子どもならば誰しも持っている当たり前の欲求です。

しかしながら、たとえば他の兄弟や姉妹のほうが大切に扱われていると感じることが何度もあったり、自分の訴え（たとえばお腹が空いた、抱っこして欲しいと泣いて訴えたときなどを考えてもらえるとわかりやすいです）を軽く扱われ適切に対処してもらえなかったり、自分のことをどうせできないダメなやつだと決めつけるような態度を示されたり……、このようなことを繰り返し体験していると、彼らはそれを体験するたびにとてもつらい思いをしなくてはなりません。

たとえば、お姉ちゃんは大切にされ認められているのに、自分は大切にされないし認めてもらえない。そんなふうに受け取れる親の態度を何度も体験すると、その子はそのたびに深く傷つき悲しい思いをしなければなりません。子どもは自分も大切にされ重要に扱われたいのです。この傷つき悲しむことを少しでも軽くして生きていくためには、自分は重要な人間ではないんだと決断してしまったほうがラクなのです。

子どもは、親が自分に示す態度を通して、自分の存在価値を決めます。これはかなり幼少期に決めてしまうようです。子どもは、親が自分を重要な存在として認めてくれていると受け取ると、自身を重要な価値がある人間であると決断します。

しかし親が自分を重要な存在として扱ってくれているように受け取れないと、子どもは「私は重要な存在ではない」と受け入れなければなりません。親が自分のことを重要な存在として扱ってくれないという事実は、子どもにとっては変えようがない事実であり、受け入れてしまったほうがラクなのです。

自分のことを重要な存在ではないと思ってしまうのはつらいかもしれませんが、そう思ってしまうとあきらめがつきます。「私は重要な人間じゃないからお姉ちゃんのほうが大事にされてしまうのは仕方ないんだ」とどこか割り切れるのです。それはそれで悲しいことかもしれませんが「私も重要に扱って欲しい」と渇望しているよりは悲しみが和らぎます。

このようにひとたび決断してしまえば、親が自分を重要ではないように扱う態度を見せたときにも、悲しさを少し軽くすることができるのです。もちろん小さな子どもがそこまで考えて決断しているわけでなく、直感的につらくなく生きていける方法を決断するのです。

いまとなっては役に立たない

このように、インナーメッセージは「行動してはならない」「重要ではない」など自分にとってネガティブなものではありますが、子ども時代に環境にうまく適応して生きていくためには、とても役に立ち必要なものだったのです。これらを決断して、

「行動しなかったから」「どう行動するかを決めなかったから」「自分を重要な存在だと思わないようにしたから」、彼らは恐怖を減らすことができたし、悲しい思いを減らして過ごすことができたのです。これを決断しなかったら、彼らはもっとつらかったかもしれません。

言い方を変えると、インナーメッセージは子どものころに心地よく安全に生きることができるよう、不快なものから自分を守ってくれたのです。

ただ、確かに子ども時代には役に立ったのですが、いまとなっては役に立つよりもマイナスの影響のほうが大きくなってしまっています。子どものころは親という環境に依存して生きていかなくては仕方ありませんでした。その環境が嫌だからと、家を出ることなんて子どもにはできないのです。

一方、成長した私たちは、もう親に依存して生きているわけではないのですが、**子ども時代に決断したインナーメッセージは、成長した後も変わらず影響を与え続けます。**

たとえば、「私は行動してはならない」「私は決めてはならない」のインナーメッセージを決断していると、行動しようとすると不安が湧き上がり、あれこれ心配してしまいます。また「私は重要であってはならない」のインナーメッセージが決断されていると、自分のやることに自信がなかったり、他者からどのように評価されるかが気になりすぎる傾向があります。

このようにインナーメッセージは、いまでは役に立たなくなり陳腐化してしまった古いメッセージなのです。

インナーメッセージと上手にお別れするヒント

本書ではこの後、自分のインナーメッセージをどのように書き換えていくかを検討していくわけですが、その前に、あらかじめ申しあげておきたいことがあります。

インナーメッセージをポジティブなものに書き換えるために、「私は行動してはならない」「私は決めてはならない」「私は重要でない」などの**インナーメッセージを捨て去ろうとするとき、良くないものや嫌なものを捨てるような気持ちを持たないで欲しい**のです。

劣等感を持ってしまうのが嫌だと思えば思うほど劣等感を捨て去ることができなくなることがあります。同じように、人は自分の中にある考え方のある部分について、嫌だ嫌だと思えば思うほど、それを捨て去ることが難しくなります。嫌だと思っているる性格が変えにくくなってしまうように。嫌だと思っているとそのことが余計に気になってしまうのです。

大人になったときに気づいたら、子どものころに嫌だと思っていた親のある性格を、自分も持っていたということがあります。嫌と思えば思うほど、それから離れられなくなるということがしばしば起きるのです。

子ども時代には必要だった決断であると私が説明した理由はここにあります。こんなものは嫌だと否定的な感情を強く持たずに、昔は役に立ってくれたんだという気持ちで過去のインナーメッセージとお別れして欲しいのです。だから、昔自分が子どものころには、自分を守ってくれていたんだと感謝しながら先に進みましょう。

自分を守ってくれてありがとう

夕食が終わってひとりリビングで直樹さんは子どものころのことを思い出していました。何かをやろうとしたとき父親が怒らないかと不安だったこと、何かをやるときに父親がどう反応するだろうかと顔色をうかがっていたこと、などを思い出しました。

「うかつに何かをやると父親から怒られるので怖い思いをする」「だから私は行動しないほうが安全だったんだ」、そして「私は行動してはならないと決断していたんだ」とはっきりと理解しました。

さらに「あのときには行動しないことで怖くならずにすんだのは確かだし、行動しないことで父親から怒られずにすんだ」「だから行動しないことで私はうまく生きてこれたんだ」「こういうことを意識したことはなかったが、子ども時代に行動しないように決断していたのは、とても賢かったんだ」と実感しました。

するとインナーメッセージを決断した幼いころの自分が愛《いと》おしく思え、その愛おしさをしばらく味わっていました。

「行動しないようにしてくれて、自分を守ってくれてありがとう」。直樹さんは子どものころの自分に感謝したい気持ちになりました。

陸君のことを考えると、直樹さんは少しかわいそうで申し訳なく感じます。

「私が父親という環境に合せて、行動しないことを決断したように、陸は私に合わせて行動しないことを決断しているんだなあ」「私が陸を脅して怖がらせて行動しないように決断させてしまったんだ」

あなたの「不安」の根本にあるメッセージは何か？

ピンとくるものを選ぼう――6つのインナーメッセージ

ここからはいよいよ自分のインナーメッセージについて考えてみたいと思います。あなたが何かをやろうとするときに、ブレーキをかけてしまうインナーメッセージは何でしょうか？

あなたを不安にしてしまうインナーメッセージは何でしょうか？

自分のインナーメッセージについて難しく考える必要はありません。それよりも感覚を大切にしたいと思います。次に、行動にブレーキをかける可能性があるインナーメッセージを列挙しました。これらの中からピンとくるものを選んでみてください。

・私は行動してはならない

・私は決めてはならない
・私は重要ではない
・私は欲してはならない
・私は考えてはならない
・私は見えてはならない

ここで「私は欲してはならない」「私は考えてはならない」「私は見えてはならない」の3つインナーメッセージが新たに出てきました。これらも行動にブレーキをかける可能性が高いインナーメッセージです。

インナーメッセージはこれら6つだけではなく、他にも「私は存在してはならない」「私は近づいてはならない」「私は所属してはならない」「私は楽しんではならない」「私は成長してはならない」など20ほどあります。それらの中から行動にブレーキをかける可能性がある6つのインナーメッセージを選び出しています。

これら6つの中で、行動のブレーキに比較的影響が大きいのは「私は行動してはならない」「私は決めてはならない」「私は重要でない」の3つです。しかし「私は欲してはならない」「私は考えてはならない」「私は見えてはならない」も、人によっては大きな影響を持つ場合があります。

各々のメッセージが問題になるとき

前出の6つのインナーメッセージは行動にブレーキをかける可能性があるものでした。何かをしようとするときに、それをできなくしたり、またはやったとしてもやることに大きなエネルギーを消費してしまいます。つまり、インナーメッセージを決断していない場合だと難なくやってしまえることも、大きな労力を必要としてしまうのです。たとえ行動できたとしても、行動はとても大変なことで疲れることだと感じてしまうことになります。

「私は行動してはならない」のインナーメッセージを持つ場合は、行動しようとしたときに不安になってしまいます。そして行動にブレーキをかけます。したいように行動するより、良くないことが起きないこと、安全であることを第一に考えます。

また行動した結果、うまくいかなかったらどうしよう、良くない結果になったらどうしようと良くない結果を想像し、自分を不安にしていきます。

「私は決めてはならない」のインナーメッセージは、どのように行動するかを決めるときに問題になります。決めようとするときに不安になり、本当にこれに決めていいのかと迷ってしまいます。「これに決めてもしうまくいかなかったらどうしよう」「後でやっぱり別の行動をすればよかったと後悔したらどうしよう」などと考え、余計に不安になります。そして行動し始めた後も、「やっぱりあっちにしておけばよかったのではないか」と悶々《もんもん》としてしまいます。

このように、どのように行動するかを決めることに大きな葛藤を持ってしまい、大きな労力を要することになります。

「私は重要ではない」のインナーメッセージは、「自分に能力がない」「自分の存在そのものに価値がない」といった、根拠はないにもかかわらず根強い考えの基になっています。何か行動しようとしたときに、「私にそんなことができないのではないか」「私がやるよりも他の人のほうがうまくやれるのではないか」「私にはやれないのではないか」など、自分の価値や能力に対して疑問を持ってしまいます。

このインナーメッセージを持つ人は、努力をしていても、その努力に見合う自信を持つことができません。努力がそのまま自信につながらないのです。

「私は欲してはならない」のインナーメッセージは、自分の要望や欲求を表現することや、実現するために行動することを難しくしてしまいます。「私が欲しいもの（やりたいこと）は手に入れてはいけない」「私の欲求よりも他者の欲求を優先しなければならない」と信じているため、自分の欲求を押し通すよりも他者に譲歩してしまいます。また欲しがることは何かいけないことであるかのような罪悪感を持ちます。仮に欲しいものを手に入れたとしても喜びよりも罪悪感が大きくなってしまう場合が多いのです。

このインナーメッセージは、子どものころから自分の欲求を我慢しなければならない環境で決断されます。

たとえば、自分が欲しがることを我慢して妹に譲ることを親が期待しているという環境がそうです。その環境で子どもは、「私は欲してはならない、もし私が欲しがって手に入れてしまうと親の愛情を失うだろう」と決断するかもしれません。自分の欲求を我慢して妹の欲求を優先することが当たり前で、そのほうが親に愛されるのです。幼い子どもにとって親の愛情を得続けることは、欲しいものを手に入れることより、生きる上で必要なことだから、このような決断をしてしまうのです。

このインナーメッセージを決断した人は、自分が本当にしたいこと（欲しいもの）がよくわからなかったり、自分が本当にしたいことをやろうとすると、良くないことをしているかのような感じを味わったり、自分がやりたいことをやると人に対して悪いような気持ちになったりします。その結果、自分が本当にやりたいことをやるのにブレーキをかけてしまうのです。

「私は考えてはならない」のインナーメッセージは、行動するにあたって何かを考えるときに問題になります。これを決断していると、考えようとしても考えることができなかったり、考えることに大きなエネルギーが必要になってしまいます。それはたとえば「あなたの考えは？」と自分の考えを尋ねられると、考えることにブレーキがかかるので頭が真っ白になってしまうことがあります。

子どものころより、親が自分の考えを聞き入れてくれなかったり、自分の考えを述べたとしても頻繁にそれを否定された場合に決断します。たとえば、「あなたの考えではなく私の考え通りにやりなさい」「お母さんの言う通りにしなかったからこんなことになったのよ（あなたが考えた通りにやったから失敗した）」などの親の言動は、子どもに対して「あなたは考えてはいけない」というメッセージになります。

このインナーメッセージを決断した人は、誰かの指示通りに行動するときには問題はないのですが、自分で何かを考えて行動しなくてはいけないときに、考えようとしても頭が混乱したり、考えようとしても考えられなくなったりという問題が生じます。

また自分の考えや意見を言おうとしても、それが間違っていたり、自分の考えや意見は人から否定されるようなものに過ぎないという感じを強く持ってしまいます。そのために、自分で考えるよりは、他者の考えや意見に従うことになってしまうのです。

「私は見えてはならない」のインナーメッセージは、他者から見えてしまうことが怖くなるものです。見えてしまうとは、自分が他者から注目されることだけではなく、他者に本当の自分を見せてしまう（知られてしまう）ことに大きな抵抗を感じてしまうことです。見えないように振る舞い、景色に溶け込むように、また問題ないように振る舞っておかなければ不安なのです。

特に明確な理由があるわけでもないにもかかわらず、自分が見えてしまったら良くないと感じてしまいます。だから自分をさらけ出さないといけなくなる（他者からはそれほどのことではなくても本人がそう思ってしまうことが多いのですが）と、行動にブレーキがかかってしまいます。他者から見ると、「別にそんなことを隠さなくてもいいではないか」と思ってしまうようなこと、たとえば他者が何も気にしないような些細《ささい》なことや自分の優れた部分であっても見せないようにします。もし他者から見えてしまうとどう思われるだろうかと不安になるのです。

これは、自分を見せることが危険な環境で育った場合に決断されやすいインナーメッセージです。たとえば、自分のことを話すとひどく批判されたり、または人と違ったことをしてはならないとか、人に注目されるようなことをしてはならない、といった考え方に基づいた親の態度が影響を与えることがあります。

インナーメッセージは変えられる？

直樹さんは、自分のインナーメッセージは何だろうと考えてみました。「私は行動してはならない」のインナーメッセージを決断していることはすでにわかっていたのですが、その他にも、行動にブレーキをかけてしまうインナーメッセージはないかと調べておくためです。

まずインナーメッセージの言葉を眺めてみて、何となくピンときたのは「私は行動してはならない」の他に「私は重要ではない」と「私は見えてはならない」でした。そして、それらのメッセージを持つことが、どんなときに問題になるかを考えてみたところ、3つの中でも特に自分に強く影響を与えているものはやはり「私は行動してはならない」だと確信しました。

「〝私は行動してはならない〟というインナーメッセージがあるから、私は行動しようとするときにまず不安が湧き上がってしまうし、あれこれと心配事をしてしまい、ますます不安になってしまう。その上、不安になってしまうから行動できなくなってしまうのだ」と理解しました。そして直樹さんは、「これを何としても解決したい」と思いました。

しかし一方でこんな疑問も頭をよぎりました。

「性格は変わらないって言われるけど、インナーメッセージのような性格の根っこの部分が変わることってあるのだろうか?」

変えられるものなら変えたいけれども、そんなに簡単に変わることはないはずとも思ってしまうのです。

確かに、しょせん性格は変わらないという考え方を信じている人は多いようです。しかし、性格や人生を大きく変えた人の話を本などで読んだことはあります。だからそういうことも不可能ではないのかもしれません。でも、それを身近な実際にあった話としては聞いたことがありません。

「もしかしたら性格は変わらなくて、私は一生このままなのではないだろうか。私がこのままだったら、陸ももう変わらないのだろうか?」

そう思うと何となく不安になってきました。インナーメッセージを変えようとすることでも直樹さんは不安になってしまっていました。

第4章

あなたのインナーメッセージを
リセットしよう

不安な自分が消える
すごい方法

性格は変えられる

インナーメッセージを決断したのは自分

性格は変わらないと言われることがありますが、それは間違いです。性格は変えることができます。性格が変わらないと思っている人は、性格の正しい変え方を知らないのです。過去に自分に合わない方法で性格改善を試みてうまくいかず、そしてやっぱりダメだったから性格は変わらないのだと信じてしまっているだけです。

そもそも性格とは、その人の行動に表れるその人独自の感じ方や考え方をいいます。つまりその人がどのような思考・感情・行動（反応）のパターンを表すかです。

私たちは、ある状況で自分なりの考え方を持ち、感情を持ち、行動もしくは反応を示します。

上司から「お前はダメだ」と叱責された状況で、ある人は「このように叱られる自分はダメなんだ」と考えてしまい、落ち込みの感情を持ち、元気がなくなってしまうかもしれません。また別のある人はまったく同じ状況で、「上司といえども赤の他人になぜこんなことを言われなきゃいけないんだ」と考え、怒りの感情を抱き、ムッとした表情という反応を示すかもしれません。またある人は、怒っている上司に対して怖いという感情を感じておどおどしてしまい、上司に目を合せられなくなり下を向くという行動を示すかもしれません。

このように私たちは、ある刺激に対して（ある状況で）それぞれ違ったその人独自の思考・感情・行動を表します。同じような刺激に対して、毎回違った思考・感情・行動を表すことはなく、これはその人にパターン化されたものです。これらのパターンは、**私たちが過去に決断したもの**です。生まれたときから持っているものではなく、決断したときから繰り返しているものなのです。

生まれてからいままでの様々な体験を通して、どのように考え、感じ、行動するかを決めてきているのです。私たちはたくさんのことを決断してきていまに至っています。だから、性格というのは決断が集まってできているともいえます。

それぞれの状況で、どのように考え、感じ、行動するかの決断のなかでも、子どものころのものは、親の言動が影響しているのも事実ですが、結局は私たちが自分で決断したものです。親から同じように言われたからといって、すべての子どもがまったく同じ決断をするわけではありません。決断の主体が自分である以上、それは変えることが可能なのです。

つまり、自分の考え方や感じ方、また行動や反応のパターンは、生まれつきのものでも、また脳の中に埋め込まれたものではなく、**自分で決断したのですから決断し直すことができる**ということです。

自分で選んだのだから変えられる

私たちは生まれてからいままでの間に、多くの経験をしてきました。そしてその経験を通して多くのことを決断してきました。「こういう状況では、このように考え、感じ、そして反応または行動しよう」と決めてきたのです。

決断の中には、性格の些細な部分に関するものもあります。たとえば理不尽な事件の報道を見るたびに怒りがこみ上げ「こんな理不尽なことがない世の中になっていかなくてはならない」と考えるというのもその人の決断からきています。おそらくこの決断を持っているか否かは人生に大きな影響を与えないでしょう。一方で、何かをやろうするたびに不安を感じ、心配事を考え、行動にブレーキをかけてしまう決断は人生に大きな影響を与えてしまいます。

こういったいろいろな決断の中でも、その人の人生に特に大きくネガティブな影響を与える決断、その人の生き方に関する基本的な部分に関係するネガティブな決断、これがインナーメッセージです。

インナーメッセージは、自分の生き方の基底となるような決断です。人は人生の最初の時期である乳幼児期に、その人の生き方に大きな影響を与えるような考え方や感情や行動の多くを決めてしまいます。インナーメッセージは、そのほとんどがその時期に決断されます。生き方の基本を決める時期の決断ですから、インナーメッセージはその人の人生に大きな影響を与えてしまいます。その人の性格の大きな部分のようなものではありますが、インナーメッセージも自分が主体で決断したものである以上、変えることができるのです。

まず自分の中のメッセージを知る

自分のメッセージを探る手がかり

直樹さんは、自分の行動にブレーキをかけてしまうインナーメッセージとして、「私は行動してはならない」と「私は重要ではない」「私は見えてはならない」の３つを選びました。選んだのは、言葉を眺めて感覚的にピンとくるものです。

インナーメッセージを見ただけで、自分のインナーメッセージはこれだとピンとくる場合も多いのですが、彼は念のために次の項目をチェックし、自らが選んだインナーメッセージが正しいかどうか確認してみることにしました。

〈私は行動してはならない〉

自分の人生を生きていない感覚がある

行動することについて過度に用心深い
行動した結果について過度に心配する
失敗することを恐れる
安全なレールを踏み外すことへの不安が大きい
自分のしたいことをなかなか実行できない
行動しようと思っても（計画しても）やれない
自分から行動することに罪悪感がある
何かを行動に移すことに大きなエネルギーが要る
世の中は危険がいっぱいだと思う
安全だと確信が持てるまで行動できない
過度に慎重にしているから問題なくやれていると思う
ハッキリ断われない（ＮＯと言えない）
行動しないことについての理由（言い訳）が多い
子どものころの親はかなり心配性だった

〈私は決めてはならない〉

決めることに過度に慎重である
決めるときに過度の心配をする
決めた結果により失敗することを恐れる
決めようとするときによく躊躇する
ああでもない、こうでもないと悩むことが多い
決めることにかなりのエネルギーが要る
白黒はっきりさせないと気がすまない
決めた後もこれで良かったかと悩むことが多い
子どものころの親はああしろこうしろとコントロールしていた

〈私は重要ではない〉

自分が重要な人間であることを他者に示そうとする
自分は価値がないと思う
物事を誇張して話す

相手より優位に立ちたいと思う
自分の弱みを見せるとダメだと思う
間違いを認めることに不安が大きい
自分の問題や欠点を指摘されることを避ける
人の評価や反応に敏感である
何かと自分と他者を比較する
他者から褒められるのが苦手である
何かと自信がない
本番で力が発揮できない
人前で何かをやるとき、ちゃんとやらなければと思い緊張する
何かをやるとき、他の人ならばできるけど自分はできないと思う
自分は他者より劣っていると思う
子どものころ、親から重要な存在として扱われなかった

〈私は欲してはならない〉

特に欲しくないものを買いすぎる
自分の欲求を表さない
自分の欲しいものより人の欲しいものを優先させる
自分の欲求は二の次と考える
自分が本当に欲しいものがわからない
本当に欲しいものは手に入らない気がする
家族・親のために自己犠牲的に接してきた
相手が喜ばないと無力感を持つことがある
欲しいものを素直に言えない（遠慮する）
欲しいものを手に入れることに罪悪感がある
何をしたいかわからない
言いたいことをハッキリ言わない
「何でも良い」「あなたがいいように」などと返答することがよくある
最後には自分の望みは叶わないという思いがある

子どものころ、欲しいものを親に素直に言えなかった

〈私は考えてはならない〉

考えようとすると頭が真っ白になったり混乱する
考えを尋ねられても、答えられない
いつも考えより気持ちが優先される
自分の意見より一般的な考えや事実を述べることが多い
考えるときに不安を感じる
考えることに大きなエネルギーが必要
優柔不断になることが多い
他者に意見を求めることが多い
自分と意見が違うとき、相手の考えが正しいと思ってしまう
指示がないと動きにくい
「わからない」という言葉をよく使う
どう考えればいいかを考えていることが多い

相手の意見に流される
他者の意見に「嫌」か「嫌じゃない」のかがわからない
違う意見に反論するとき、自分の考えがまとまらない
子どものころ、親の考え通りに従っていた

〈私は見えてはならない〉

世間体を過剰に気にする
周囲の景色に紛れていたいというような気分のときが多い
人から見えてしまうと恥ずかしい
問題があることは恥ずかしい
自分のことを他者に話さない
自分の家・家族のことを話すのがなぜか恥ずかしいと思う
自分のことを知られると他者からどう思われるか気になる
他者から変だと思われたくない
目立つことをやってしまうと不安がある

人前に出る状況をなるべく避けたい
他者の出方を見て自分の言動を決める
平均的であることを意識した言動を心がける
存在感がないと思われるような振る舞いをしている
いつも素の自分を見せていない感覚がある
周囲とのバランスをいつも気にする
目立たないような平均的な身なりを心がける
子どものころ、親は世間体を過剰に気にしていた

これらのチェックは、いくつ当てはまったらこのインナーメッセージを持っていると断定できるチェックリストではありません。自分のインナーメッセージを見るための単なる手がかりのひとつです。仮に2~3項目しかチェックがつかなかったとしても、その項目をとても過剰だと感じるならば、そのインナーメッセージを決断しているかもしれません。ただし4項目以上当てはまるならば、インナーメッセージを決断している可能性は大きいでしょう。

失敗しないことばかりを大切にしてきた

直樹さんは、「私は行動してはならない」のインナーメッセージには、「行動することについて過度に用心深い」「行動した結果について過度に心配する」「失敗することを恐れる」「安全なレールを踏み外すことへの不安が大きい」「自分のしたいことをなかなか実行できない」などのほか、当てはまる項目がいっぱいありました。

また自身の子どものころを振り返って、「子どものころの親はかなり心配性だった」という項目も当てはまっていました。「やっぱりこのチェックの結果でも、〝私は行動してはならない〟を決断しているのは間違いないなあ」

確かに子どものころに父親がしばしば「注意深くやれ」「失敗しないようにやれ」と言っていました。そう言われていつしか、注意深くやらないといけない、失敗しないようにやらなければならないと思うことが当たり前になっていました。「いつの間にか、自分が本当にしたいことをやるとか、楽しくやることよりも、失敗しないことばかりを大切にしてしまうようになったんだなあ」と思いました。

あれもこれも思い当たることばかり

「私は重要ではない」のインナーメッセージでは、「自分の弱みを見せるとダメだと思う」「間違いを認めることに不安が大きい」「人の評価や反応に敏感である」「本番で力が発揮できない」「人前で何かをやるとき、ちゃんとやらなければと思い緊張する」などの項目が当てはまりました。

また「子どものころ、親から重要な存在として扱われなかった」というのも何となくうなずけるところがありました。確かに子どものころから自分のことを価値があるとはあまり思ったことがなく、どちらかというと自分はできない子だと思っていました。

「私の親はよく〝ちゃんとやりなさい〟〝ちゃんとやれないなんてまったく困ったやつだ〟と言っていた。何度もそう言われるから、自分のことを〝ちゃんとできないダメな子なんだ〟と親は評価しているんだろうなあと思っていた」と思い出しました。

「親から能力を信頼されているという感じはしなかったなあ」「でも能力を評価されていない自分が当たり前と思っていた気がする」「私は重要な人間ではないという感覚

が当たり前になっていたんだ」……直樹さんはそう思いました。

「私は見えてはならない」のインナーメッセージでは、「世間体を過剰に気にする」「人から見えてしまうと恥ずかしい」「問題があることは恥ずかしい」「自分のことを他者に話さない」「自分のことを知られると他者からどう思われるか気になる」「他者から変だと思われたくない」「他者の出方を見て自分の言動を決める」など思い当たるところが多くありました。

子どものころの親自身が、とても世間体を気にしていたこと、人から変だと思われないように気をつけていたこと、またそれらを子どもの直樹さんにもそうするように強く促していたことなどを思い出しました。「いつからかはわからないけど、自分が人から見られることが恥ずかしいし、人から見えないようにしなきゃいけないというのが当たり前だった」とわかりました。

陸君の性格に直樹さんの態度はどう影響しているか？

直樹さんは、子どものころに親から言われたことや親の態度のことを考えるうちに、インナーメッセージは、親の自分に対する態度や言葉に影響を受けていることも理解できてきました。そして自分のインナーメッセージは、自分の性格形成に大きく影響を与えていることがわかり始めました。

「親の子どもに対する言動が影響してインナーメッセージを決断したのだから、親の日ごろの態度って、子どもの性格に与える影響が大きいんだなあ」

心理学など学んだことがない直樹さんでしたが、人の性格形成に与える親との交流の影響の大きさについて理解できた気がしました。

昨夜陸君が泣きながら訴えた言葉が直樹さんの頭によみがえってきました。

「でもお父さんがそう言ってるでしょ？」「お父さんが僕をそうやって脅すからだよ」「だから間違ってないか不安になってしまって行動できないんだよ」「お父さんがいつもいつもそうしろって言ってるんだよ」

妻の香織さんは「私は行動してはならない」というインナーメッセージは決断していないように見えます。いつもあっけらかんと陸に、「失敗したっていいじゃない」「考えるよりやったほうが早いわよ」と言っています。でも直樹さんは、「慎重にやれ」「失敗してはいけない」と陸が不安がるような言動を表していました。

「陸があれこれ心配ばかりして思い切って行動できないのは、私がそうしろって言っているんだろうなあ。私が父親から影響を受けてインナーメッセージを決断したように……。結局自分が子どものころにされて嫌だったことを、そのまま自分の子どもにしてしまっているんだ」

「息子のためにも私が変わらないといけない」と直樹さんは改めて強く決意しました。

自分が子どものころにされたことで、嫌だったことを自分の子どもにやってしまうこと、これを交流分析ではホットポテトといいます。嫌なことだからやめようと思うのに、なぜか無意識にそれを繰り返してしまいます。またやめようと思えば思うほど繰り返してしまうこともあります。やめようと自分に言い聞かせて懸命に努力することでは、ここから脱出することは難しいのです。

大切なのは不快な感情を消してしまうこと

何度言い聞かせても、心が納得しない

自分を変えるためにどうしたらいいのでしょうか？　直樹さんはその日の朝、自分が行動する前にあれこれ心配してしまい不安になること、そして行動にブレーキをかけることを改善したいと決意して職場に行きましたが、うまくできませんでした。

直樹さんは、始める前から、「失敗したらどうしよう」「人からどう思われるだろうか？」「本当にこれでうまくいくのか？」などと心配して行動にブレーキをかけてしまいます。だから自分はちょっと真面目《まじめ》に考えすぎるので、少しくらいいい加減に考えてもいいんじゃないかと、「失敗したっていいではないか」「人からどう思われたっていいではないか」「うまくいくかどうかなんてわからないからあれこれ考えなくてもいい」と自分に言い聞かせるようにしました。

でも、そうやろうとしてもどうしてもそう思えないのです。いい加減に考えようと頭で何度言い聞かせても、心が納得していない感じがするのです。失敗したっていいじゃないかと、人からどう思われたっていいじゃないかと自分に言い聞かせて行動しようとしても、不安を感じてしまうのです。不安を押し殺して、不安を見ないようにして行動しようとしても、難しいのです。

直樹さんは、頭で考えて言い聞かせるだけでは、不安が減らないから変わることが難しいと考えました。

そうなのです。一般的に私たちが性格を変えようとして目をつけるのは、「考えを変える」ということです。確かに些細なことならばそれでうまくいくこともあるかもしれません。でも自分の性格に関係する大きな部分は、それではなかなかうまくいかないものなのです。

たとえば、うまくいかないときに「私はダメだ」と頻繁に落ち込む人がそれを改善しようとしたときにまず最初に考えることは、「そう考えないようにしよう」ということです。でもそれがうまくいかないのは、「私はダメだ」という考えには落ち込みや落胆や情けなさや悲しさという感情を伴っているからです。「私はダメじゃない」と頭で思い込ませようとしても、うまくいかなければ落ち込み、情けなさなどの感情が湧いてくる以上、頭ではそう思おうと努力しても心がついていかないのです。

頭で理解しようとしても心が理解できないというのは、**感情がついていかないということ**。湧いてくる感情を止められませんから、だから性格を変えることは簡単ではないと思ってしまうのです。

それをうまくやる方法がひとつあります。それは決断そのものを変えること、つまりインナーメッセージを変えることです。

陸君の不安を消すたったひとつの方法

直樹さんは陸君のためにも自分が変わりたいと思っています。

陸君は彼に「お父さんが僕をそうやって脅すからだよ」と言いました。彼は陸君を不安がらせるようなことをたくさん言っていたのです。それを言わないようにというのにも無理があります。言わないようにしようといくら頭で考えても、つい陸君を不安がらせるようなことを言ってしまうことになります。これも、頭で考えていても心が納得しないと難しいのです。

陸君を不安がらせるようなことを言ってしまうのは、自分が不安だからです。陸君に「本当にそれで大丈夫なのか？」と何度も言えば、当然陸君は本当に大丈夫かと不安になってしまいます。彼が陸君についそう言ってしまうのは、陸君がうまくやれないことを彼が不安がっているからです。自分が不安でなければ、陸君の行動を温かく見守り励ましてあげることができるはずです。

陸君があまり心配せずにいい加減にやっているように見えると、おそらく彼は、自分が不安でイライラすることでしょう。そして陸君に「ちゃんと考えてやらないと大変なことになる」と不安がらせるようなことを言ってしまうのです。

このように陸君が行動する前から心配し、不安になるような態度は、彼自身の不安から引き起こされているのです。

陸君のことを考えて、陸君に対する態度を変え、不安がらせることをやめようとするのであれば、結局、彼自身が不安を減らすしかないのです。直樹さんが陸君のためにと思うのであれば、彼自身が変わることが必要になります。

「あのときやった決断」を思い起こそう

思い出せるもっとも古い記憶

直樹さんは、自分のためだけではなく息子への対応を変えるためにも、自分のインナーメッセージを変えることに取り組み始めました。

インナーメッセージを変えるために、まず彼は自分がどのようにしてインナーメッセージを決断したのかを思い起こしました。

子どものころ、直樹さんの父親はよく「慎重にやれ」「ちゃんとやれ」と言っていました。それは彼が何かをやろうとする前にしばしば耳にしたものでした。そしていよいよ行動を起そうとするときには、「本当にそれでいいのか？」「よく考えたのか？」「失敗したら取り返しがつかないんだぞ」と言っていました。その言葉を聞くたびに、本当にこれをやっていいのかという不安が一層強くなりました。

でも一方で、父親の言葉をよく聞かされるようになる前から、行動するときには常に不安や心配がありました。これは、記憶として思い出せる以前から、「私は行動してはならない」のインナーメッセージを決断していたということです。

自分がインナーメッセージを決断した場面として思い出す一番古いものを、原初場面といいます。本当は記憶として思い出せる以前にインナーメッセージを決断していることが多いのですが、ここでは思い出せるもっとも古い記憶に頼ります。

直樹さんにとって「私は行動してはならない」のインナーメッセージの原初場面は、父親から「慎重にやれ」「ちゃんとやれ」「本当にそれでいいのか？」「よく考えたのか？」「失敗したら取り返しがつかないんだぞ」と脅されていた場面です。

この場面での、父親からの「慎重にやれ」「ちゃんとやれ」「本当にそれでいいのか？」「よく考えたのか？」「失敗したら取り返しがつかないんだぞ」といった言葉は、「お前は行動してはならない」という禁止メッセージであり、「行動せずに心配しなさい」というメッセージだったのです。

心配や不安ばかりの子どもなんて……

小学校に入ったばかりのころ、仲が良かったクラスメイトたちが通っていた近所の塾に行きたいと思い、それを両親にお願いしたことがあったのを思い出しました。そのときに、どうせ塾に行くならば近所の塾より進学塾のほうが良いのではないかと言われ、どちらにするか選ぶように促されました。

彼は、クラスメイトたちと一緒に勉強したかったので「近所の塾に行きたい」と言いました。でも父親は、「将来を決める大事な選択になるんだぞ」「本当にそれでいいのか？」「もっとよく考えろ」「後悔しても知らないぞ」と何度も彼を脅しました。

それを聞いているうちに、次第に自分の決めた通りに近所の塾に行くことが、自分の将来をダメにすることに思えてきて怖くなってきました。やっぱり将来のことを考えたら進学塾に通ったほうが良いのではないかと考えるようになりました。そして結局、「進学塾のほうに行く」と両親に言いました。元々彼は、進学塾に行きたかったわけではないにもかかわらず。

「振り返ってみると、あの塾選びのときのような体験がたくさんある」。彼はため息をこぼしました。友達と長距離サイクリングに行く予定を立てたときも、「事故に遭ったらどうするんだ？」「その道は頻繁に事故が起こっているんだぞ」などと言われるうちに不安になり、結局サイクリングを断ってしまったのです。

「ああいう体験が重なりいつしか、行動しようとするときに〝本当にそれでいいのか〟〝後悔したらどうしよう〟と**心配することが習慣になり、不安をより大きく感じるようになって、行動する前に不安になるようになったんだなあ**」「でも、元々は行動する前に心配と不安ばかりの子じゃあなかったはずなのに」

元から行動するときに心配と不安ばかりの子どもなんていません。子どもには「……したい」という欲求や、「やってみたい」という好奇心があるはずです。したいことをするときに嬉しさやワクワク感を持つはずです。

不安が好奇心や欲求を抑え込む

「元々、塾に通いたいとお願いしたときのように、欲求や好奇心もあったはずなのに。元はこんなに心配しすぎて不安になることはなかったはずなのに」

その通りです。そんなに心配しすぎて不安になることはなかったはずです。元々不安だったのは直樹さんのお父さんです。お父さんは彼が失敗することが不安だったのです。だから彼のこの不安は父親のものだったのです。

もちろん、いくら子どもといえども、心配や不安がまったくなかったわけではないでしょう。新しいことをやるときには心配や不安は誰にだっていくらかはあるものです。心配や不安があるからこそ無計画で無茶な行動を回避するのです。

適度な不安は、将来の危険を回避するために必要な感情です。でもそれが過剰すぎると、欲求や好奇心を抑え込んでしまって不安だけが残り、行動にブレーキをかけてしまうのです。

不安の感情を処理する秘訣

その場面を再体験することから

ここで、インナーメッセージを変えるステップに進む前に、ひとつ大切なことをやっておきます。それは感情を処理するということです。ここで感情を処理するとは、不安を減らすということになります。

直樹さんは、不安を減らすということに取り組みましたがうまくいきませんでした。直樹さんがやった方法は、不安の基になる心配事を考えないようにする、つまり不安そのものではなく考え方を変えようとする方法です。しかしそれではうまくいきませんでした。

では、不安な気持ちを見ないようにする（意識しないようにする）という方法はどうでしょうか？　実際に、不快な感情の解決法として「嫌な気持ちに目を向けなきゃいいんだ」と考えている人は多いようです。しかし、それもやはりうまくいきません。不安などの不快感情は、見ないようにしていても勝手に減ることはないのです。

不安を減らすための感情処理の基本は、元々その不安を感じ始めた原初場面で、不安な気持ちはもとより、それ以外にどんな気持ちであったかを理解し、受け入れることです。

直樹さんが不安を感じ始めた原初場面は、父親から「慎重にやれ」「ちゃんとやれ」「本当にそれでいいのか?」「よく考えたのか?」「失敗したら取り返しがつかないんだぞ」と脅され「行動するな」という禁止メッセージを受けていた場面です。この場面で不安の他にどういう気持ち、感情を感じていたのかを知り、それを受け入れることです。

そのときの感情を、より正確に知るには、考えるのではなく、感じることが大切です。「そのときどうだったかな?」と考えようとすると、頭で考えたものになります。そうではなく、もう一度そのときの場面に立ち戻り、感じてみることです。原初場面の自分になったつもりで、いま原初場面が目の前で起きていると想像してみるといいでしょう。これを再体験するといいます。その場面を再体験することによって、そのときの本当の気持ちをより正確に知ることができます。

直樹さんは、原初場面で子どものころの自分がどういう気持ちを持っていたのかを感じてみました。父親からいろいろと脅されて、もちろん不安を感じていました。さらに不安以外にどのような感情があったのかをゆっくりと感じてみました。いま自分が子どもに戻っていて、目の前で父親から脅されているという場面に居ると想像しながら。そのときの父親の表情を見、父親の言葉を聞いているかのように。

父親の言葉を聞いていると、焦りや不安が湧き上がってきます。湧き上がった不安や焦りから目を背けず、それらの気持ちに浸ってみました。その上で、不安や焦り以外に感じている気持ちはないか、自分の気持ちをゆっくりと探ってみました。すると次第に「何でそんな言い方をするんだ！」と父親に文句を言いたくなってきました。

直樹さんは「〝何でそんな言い方をするんだ！〟という感じでいたのかな？」と考えました。

感情をひと言で言い表す

しかし、直樹さんの場合、この時点ではまだ気持ちに行きついていません。「何でそんな言い方をするんだ！」というのは気持ちではありません。感情というのは、怒りや悲しみといったひと言で言い表すことができるものです。長い言葉で言い表しているものはほとんどが感情ではなく考え、つまり思考です。直樹さんは、さらに、「何でそんな言い方をするんだ！」と思っているときの感情を見つめていくことが必要になります。

直樹さんは「何でそんな言い方をするんだ！」と小さくつぶやいてみました。そして自分に湧き上がる感情を確かめてみました。すると言葉で言い表すとすれば「嫌」とか「怒り」が一番近いような気持ちを感じました。そこで、「嫌」な気持ちをしっかりと感じてみました。父親の言葉に対して湧き上がる「嫌だ」という気持ちを。

その感情をじっくり味わう

不安以外の自分の感情がわかったら、それを受け止めます。受け止めるというのは、それを否定せずにじっくり感じてみること。そしてそのような感情を持つことを自分に許可することです。

「こんな気持ちを持ってはいけない」「親に対してこんな感情を持ってはいけないのでは」などと、感情を批判や否定する気持ちが働いてしまうと受け入れていることにはなりません。受け入れるというのは、「嫌と感じるのは自然なことなんだ」「だから嫌と感じていいんだ」と**そのまま無批判に感じてみる**ことなのです。

直樹さんは、父親の禁止メッセージに対する「嫌」や「怒り」という感情をしばらくの間、味わうように感じてみました。

「もしかしたら心配で不安になっているとき、不安だけでなく不安を湧き上がらせるような考えに対して〝嫌だ〟という気持ちを感じているのかも」「子どものころだけでなく、いまも不安だけでなく〝嫌だ〟と感じているのかも」

これからは、自分が不安になったときに、「嫌」とか「怒り」の感情を感じてみようと思いました。

鍵となる「解決感情」の扱い方

不安の感情処理を行う際に、原初場面で自分が感じていたすべての気持ちを知ることは大切です。その中に、不安を減らしてくれる別の感情（解決感情）が隠れているからです。不安が強くて行動にブレーキがかかってしまう人の解決感情は、多くの場合直樹さんのように「嫌」や「怒り」です。直樹さんは、不安になったときに、「嫌」と感じることで、おそらく不安は減り始めます。

このときに、**自分に対する嫌悪や自分に対する怒りは解決感情になりません**。あくまでも**禁止メッセージを与えようとする人、または禁止メッセージそのものに対する感情でなくてはいけません**。怒りや嫌悪を自分に向けてしまうと、自己批判や自己嫌悪が強まり、ますます不安が大きくなってしまうという結果になります。

なかには、「親に対して怒りや嫌悪のような不快感情を向けることはどうしても難しい」という方がいます。ただ理解していただきたいのは、怒りも嫌悪も、人間がみんな持っている自然な感情です。それらの感情を感じることは自然なことなのです。それを持ってはいけないという考え方は、思考で自然な感情を抑え込もうとしている、つまり理屈で自然な感情を抑え込もうとしていることであり、良い状態を生みません。

もちろん、怒りや嫌悪を直接相手に表現することは良くありません。しかし自分が感じることは自然なことなのです。

私たちは、どんなに大好きな人に対してでも、怒りや嫌悪の感情を持つことは自然なことです。そのことを理解していただくことはとても大切です。もし、どうしても親に対して否定的な感情を向けることができないという方は、親という人間に対してではなく、禁止メッセージそのものに対して、嫌悪や怒りの感情を持っていると考えてみるのもひとつの方法です。

そして、解決感情を受け入れることができたら、これから日常生活で不安を感じたときに、解決感情を感じてみることをお勧めします。不安を感じたときに、「いま私は不安だけど、本当は腹が立っているんだ」「いま私は不安だけど、本当は嫌なんだ」と、嫌悪や怒りを実際に感じてみることです。これによって、かなり不安が軽くなっていくことが期待できます。

このように不安を直接減らすやり方を、感情処理法といいます。

さあ、新しい決断をしよう

あのとき一番言われたかったこと

さあ、ここからはいよいよインナーメッセージを変えるステップです。

直樹さんは、「行動するとき、心配や不安を煽《あお》られる代わりに、どう言われたかったのか？　どう言われたら心配しすぎず不安にならずにすんだだろう？　どういう態度で接してもらえばやりたい気持ちや好奇心が損なわれなかっただろう？　どういう態度で接してもらえればもっと自由に行動できたのだろう？」と想像してみました。

これを想像することは、原初場面で自分が取ってもらいたかった態度や、かけてもらいたかった言葉を探ることになります。

想像しているうちにいろいろ思いつきました。子どものころに何かを行動しようとしたときに、不安を煽るような態度ではなく、温かく見守るような態度でこう言われていたら……、大変なことが起きたときのようなしかめた表情ではなく、幸せを感じさせるような笑顔をたたえた優しい表情で……、普段より早口で焦った口調ではなく、落ち着いた口調で……、普段より大きく強い声ではなく、静かな声で……。

「そうだ、ぼくが原初場面で一番言われたかったのは〝応援するからやってみなさい〟という言葉だった」

子どものころの自分への自分からの言葉

直樹さんは子どものころのことを空想しているうちに、自分のすぐそばに子どものころの自分が居るような気がしてきました。そこで目の前に子どものころの自分が立っているところを想像しました。そして目の前に立つ子どものころの自分に、身体から力を抜き、温かく見守るような態度で、幸せを感じさせるような笑顔をたたえた優しい表情で、そして、落ち着いた静かな声で、「応援するからやってみなさい」と声をかけました。直樹さん自身が、目の前に立つ子どものころの自分の理想的な父親になったつもりで。

その子は親からそう言われたことへの喜びと、やることに対する安心や心強さを感じながら、嬉しそうに「うん、やってみる」と言葉を返したような気がしました。

すると彼の胸の中に、何ともいえない温かいものが広がっていく感じがしました。

それは心配や不安とはまったく違う気持ちでした。安全で、安心できて、心強くて、喜びに近い、そんな気持ちです。行動することに喜びを感じることができそうな気持ちでもあります。

「この気持ちを感じていたら行動できる」

直樹さんはそう確信しました。自分のパワーに対する信頼のようなものも感じることができました。彼はこの気分を頭ではなく心で覚えたいと思いました。それをいつでも自分の中に感じることができるように。その感覚を何か行動するときにいつも思い出せるように。

そのために、目の前に子どものころの自分を想像して「応援するからやってみなさい」と温かく声をかけることを毎日1回やってみようと思いました。

決断した場面を思い出す——リセットのステップ①

いま直樹さんがやった、インナーメッセージを変えるための演習を振り返ってみましょう。
自分が選んだインナーメッセージについて、子どものころのどんな場面でそのインナーメッセージを決断したのか、その場面を思い返してみましょう。これは**インナーメッセージ決断の原初場面**です。あまりにも幼少だと、そのときの記憶はありませんから、思い出せる一番古い記憶で構いません。

次に、代表的なインナーメッセージの決断原初場面を記しますので参考にしてください。

〈私は行動してはならない〉

＊自分が何かをやろうとするときに、心配や不安を煽られるような態度を示されたり、言葉をかけられていた
＊親が何かにつけて心配性で、楽しくやることよりも心配していることが当たり前だと思える態度を示されていた
＊お前はどうせやれない、勝手なことをやってはいけないなどという態度を示された

り言葉をかけられていた

〈私は決めてはならない〉

*自分がやることを決めようとするときに、心配になったり不安になるような態度を示されたり、言葉をかけられていた

*ああしなさい、こうしなさいと親が決めたことを押しつけられていて、自分で決めてはいけなかった

*どうせちゃんとしたことは決められないと、自分が決めることは軽視されていると受け取れる態度を親から示されていた

〈私は重要ではない〉

*自分のことは後回しにされる、自分が言ったことは拒否されるなど、自分が親にとって重要な存在として扱われていないと受け取れる態度を示されたり、言葉をかけられていた

*他の兄弟姉妹と比べ重要な存在と扱われていないと受け取れる態度を示されたり、言葉をかけられていた

*どうせ大したことができる人間ではないという態度で扱われていた

〈私は欲してはならない〉

＊自分の欲求を言葉にしてはいけないと禁じられる、欲求を表すことに罪悪感を持ってしまう、欲求を表すことが危険であると思える環境があった

＊欲求を表しても聞いてもらえないと受け取れる態度を示されたり、言葉をかけられていた

＊欲求を表してもどうせ応えてはもらえないとあきらめなければならなかった

〈私は考えてはならない〉

＊親が考える通りにしなければならず、自分の考えは大切に扱ってもらえないと思っていた

＊自分が考えることは大したことではない、考えることができない人間だと受け取れる態度を示されたり、言葉をかけられていた

＊自分の考えを持つことを許可されない環境にあった

〈私は見えてはならない〉

＊人から見られることが良くないことであると受け取れる態度を示されたり、言葉をかけられていた

＊人から注目を集めないように問題がなく過ごさなくてはならないと受け取れる態度を示されたり、言葉をかけられていた
＊自分のしたいことをやる以上に世間体を気にすることが大事と受け取れる態度を示されたり、言葉をかけられていた

自分の決断の場面を思い出す際に、これらの代表的な場面を手がかりにすると思い出しやすくなります。

その場面で感じた気持ちを思い返す――リセットのステップ②

インナーメッセージを決断した場面で、どのような気持ちを感じていたかを思い返します。直樹さんの例では、直樹さんが子どものときに塾に行きたいと主張したときや、サイクリングに行きたいと言ったときに、心配になってしまうようなことを次々と言われ、自分が心配や不安を感じていたことを思い返しました。そのときに感じていた不安がどのようなものだったのか、ゆっくりと思い返し、味わってみます。このときに、前項の感情処理法を行うとさらに効果的です。

望んでいたメッセージを明らかにする──リセットのステップ③

ここでは、インナーメッセージを決断した場面で、本当はどういう態度を取って欲しかったのか？　どういう言葉をかけてもらいたかったか？　を想像してみます。

原初場面で、自分が望んでいたことを明らかにする際、左記を参考にしてください。

・もしこのような言葉（口調や声の大きさなどを含めて具体的に）をかけてもらえていたら、行動することに不安を感じることなく、楽しくやれていただろうと思える親の言葉。

・もしこのような態度（表情や姿勢などを含めて具体的に）で接してもらえたら、行動することに不安を感じることなく楽しくやれていただろうと思える親の態度。

・このようにしてもらえていたら（具体的な支援など）、インナーメッセージを決断していなかっただろう、または自由にやりたいことがやれただろうと思える親からの支援。

・もし自分が、原初場面の自分の理想的な親だったとしたら、どのようにしてあげたいと思うか、またはどのようにしてあげたら原初場面の自分は嬉しいと思えるか。

直樹さんは、父親から取ってもらいたかった態度について「身体から力を抜き、温かく見守るような態度で、幸せを感じさせるような笑顔をたたえた優しい表情で、そして、落ち着いた静かな声で」と表現していました。取ってもらいたかった態度は、その相手の表情、姿勢、ジェスチャー、声の調子について、なるべく詳細かつ具体的にイメージします。

そしてその態度に、欲しかった言葉をプラスします。その言葉は建設的な決断に結びつくものです。こういう言葉をかけてもらえたら、何かをやるときに心配や不安ではなく、楽しさや好奇心を持ってやることができたであろうと思えるものです。

インナーメッセージは、「私は行動してはならない」のように、本来自分が持っていたはずの好奇心や欲求など自然な感情や能力を禁止するものでした。一方、欲しかった言葉を、自分の自然な感情や欲求を認め、能力を発揮することを応援し許可する「**ゆるしのメッセージ**」と呼んでいます。直樹さんの例では、「応援するからやってみなさい」です。

ゆるしのメッセージは、この言葉をかけられていたら、

・心地よい感情が湧くこと（子どものころの私はとても嬉しかったはず）

・インナーメッセージを決断せず建設的なメッセージになること（きっと何かをやることが楽しかったはず）

というふたつの条件を満たすものです。

「ゆるしのメッセージ」を作るヒント

ゆるしのメッセージは「脅したりしなければ、特に何も言ってもらわなくていい」「無視するのではなく、返事だけでもしてもらえればいい」といったものでは良くありません。これらは、せめてこのようであってくれたらいまよりはましだったというレベルのものに過ぎず、インナーメッセージを変える建設的なメッセージにはなりません。またこれで良いという考えは、「この程度の人間だ」と、自分を値引いていることにすらなってしまいます。**自分を、価値と尊厳を持った大切な人間として、本当に望んでいるメッセージを考えてください。**

次にインナーメッセージごとに、よくあるゆるしのメッセージを例示しますので参

考にしてください。

〈私は行動してはならない〉

＊「自由にやっていいよ」「思い切りやっていいよ」

＊「失敗してもいいよ」「（不安を避けるために生きているのではなく）自分の人生を生きるために生きているんだよ」

＊「人生は何があるかわからないから面白いんだよ」

〈私は決めてはならない〉

＊「自分で決めていいよ」

＊「したいようにしていいよ」「正しく決めなくてもいいよ」

＊「後悔してもいいんだよ」「迷ってもいいよ」

〈私は重要ではない〉

＊「重要な人間だよ」「大切な存在だよ」「価値がある人間だよ」「大好きだよ」

＊「きっとできるよ」「何でもできるよ」

＊「無条件で（できようができまいが）あなたには価値がある」「どんなあなたでも

愛してるよ」

〈**私は欲してはならない**〉

＊「あなたの欲求は大切だよ」「あなたがしたいことは大切なことだよ」

＊「あなたは何でも求めていいよ」「欲しいものを手に入れていいよ」

＊「自分の欲求を優先させていいよ」「自分のことを先に考えていいよ」

〈**私は考えてはならない**〉

＊「あなたは考える能力があるよ」「あなたの考えに自信を持っていいよ」

＊「自分で考えていいよ」「自由に考えていいよ」「あなたはどうしたい？　あなたが思うようにしていいよ」

＊「間違ってもいいよ」

〈**私は見えてはならない**〉

＊「自分を出していいよ」

＊「傷つきやすくていいよ」「恥ずかしくていいよ」

＊「（見せないようにしている部分は）あなたの魅力だよ」

子どものころの自分に「ゆるしのメッセージ」を与える――リセットのステップ④

このステップがインナーメッセージを変える最後の段階です。

目の前に、インナーメッセージを決断したころの自分（原初場面の子どもの自分）が居るという空想をします。その自分に対して、自分がその子の理想的な親になったつもりで、**前ステップで明らかにしたゆるしのメッセージを語りかけます**。理想的な親としてゆるしのメッセージを与えるときには、優しく受容的な気持ちになることを心がけます。

次に、そのゆるしのメッセージを受け取って、目の前の子ども（子どものころの自分）が心地よい気分になっているところを想像します。そして**その子の心地よさを、自分自身も味わってみます**。心地よい気分を味わっている目の前の子どももあなたです。自分の心の一部です。子どもの自分といまの自分が一緒になるイメージを持てば同じ気持ちを味わえます。

もし、ここで心地よい気分が味わえなかったとしたら、インナーメッセージの書き換えがうまくいっていない可能性があります。その場合は、前出の感情処理法をやってみるか、ステップの①～④をもう一度最初からやり直してみましょう。仮に1回でうまくいかない場合でも、感情処理や、インナーメッセージの書き換えのステップを最初から何度かやり直していくうちに、うまくいくようになることが多いようです。

以上がインナーメッセージを書き換えていくステップです。これは一度だけやるのではなく、しばらくの間、毎日繰り返してみましょう。目途としては1週間ほど繰り返してみるといいでしょう。

1週間繰り返して、ゆるしのメッセージが自分の心に浸透するまでにもう少し演習が必要だと感じたら、もうしばらく延長してやってみるのもいいでしょう。

この演習をやっていくうちに、次第に自分のインナーメッセージが変わり、ゆるしのメッセージが浸透していくのを感じます。ゆるしのメッセージが浸透していくと、自然に自分が変化していることに気づきます。

第5章

人は必ず変われる！

気がつくと、ためらうことなく動いていた

書き換えたらこんなに変わった！

ああ、これが不安のない状態なんだ

翌朝、職場に着いた直樹さんは、真っ先に化粧室に行きました。そしてまず仕事の前に昨夜のインナーメッセージを書き換える①〜④のステップをやってみました。昨夜と同じように、心の奥底から安心したような、安全という名の布団にくるまれているような気持ちを感じました。安心や安全の心地よさが心いっぱいに、そして身体の隅々にまで広がっていくような感じです。

今日はまず、やらなきゃいけないことから順に始めようと思いました。そのためにやることを書き出してから取りかかろうと決めました。デスクについてやることを書き記し始めると、やることが次々と頭に湧き上がってきます。これは明らかにいまま

でと違った感覚です。いままでだったら、レースのカーテンの向こうにあるものを手さぐりで引っぱってくるかのように、頭から絞り出すように思い出しながら書き出していたものが、頑張りが必要ない感じです。書く手の動きに合わせるようにやることが頭に湧き上がるのです。頭の中に湧き上がる事柄を追いかけるように手を動かし書き留めるような感じなのです。

まるで頭の中が軽くなり回転が速くなったような感じに、直樹さんは「ああ、これが心配や不安がない状態なんだ」「不安が減ると、こんなに考えやすくなるんだ」と理解しました。

心配や不安を感じることなく手がどんどん動いていることに驚き、手を止め思わず顔を上げました。嬉しさがこみ上げてきたのです。顔を上げた直樹さんの表情は普段の彼らしくなくニコニコしています。その表情のままチームメンバーの後輩、大介さんと目が合いました。あまり嬉しそうな感情を表情に出さない直樹さんのニコニコ顔を見て、大介さんは不思議そうにこちらを見ています。

直樹さんは、目が合った大介さんに「あっ、そうだ。ちょうどよかった。ちょっとこっちに来てもらえる？　企画を進めるための話をしよう」と声をかけました。

以前の直樹さんならば大介さんが不思議そうにこちらを見ていただけで、「変に思われたのではないか」と心配していたはずですし、「相手の迷惑になってはいけない」と心配して大介さんのデスクまで自分が移動してから小声で声をかけていたはずです。

直樹さんは、書くことが頭に湧き上がる感じと次々に書く手が動くという変化は自分でわかりましたが、このようなことが昨日までと違っていることに気づいていませんでした。ただ後輩に声をかけたときに、自然と大きな声が出たことだけに気づいていました。

インナーメッセージを書き換えた変化は自然なものとして表れていきます。直樹さんがそうであるように、自分でも気づかない変化がいつの間にか表れています。

自分の行動にブレーキをかける一番根底の部分、インナーメッセージが変わるというのはこういうものなのです。インナーメッセージを変えるというのは、自分が頑張って行動を変えることや、頑張って不安の基となる考えを変えようとすることとはまったく違うのです。

ためらうことなく言葉が出ていた

不安がないから消耗しない

直樹さんは午前中も、そして午後からも、いままでの遅れを取り戻すように企画書作成に向けて動いていました。午前中は1時間ほど、具体的な企画のアイデアを考えようと思い、社内の何人かを捕まえて話を聞きました。10時くらいになると多くの販売担当者は社外に出かけていき、社内に残っている人は少なくなりました。多くの販売担当者が帰社するのは夕方4時くらいです。直樹さんはそこでまたいろいろ尋ねて企画書の原案を作成しようと考え、それまでに自分も自分の担当する顧客企業に訪問することにしました。

顧客企業である旅行代理店B社の営業所を訪問し、そこの担当者に「おはようございます」と挨拶をしました。B社の担当者は「おっ、今日は明るいね。何か良いことでも？」と声をかけてきました。

「ええ、溜《た》まっていた仕事が片づき始めまして。そういうときって気分良いんですね」

「なるほど」。今日は口が良く回り会話が弾みます。

直樹さんは気づいていませんでしたが、普段は「いま訪問すると、担当者は忙しくて迷惑なのではないか？」「こんな時間に行くと嫌がられないかな」と顧客訪問前に不安になっていましたので、その不安を乗り越えるように力を入れて顧客企業の事務所のドアを開けていました。

いままではこのように訪問する前にエネルギーを消耗していたのですが、不安が少なくなっているので、その消耗がなく、何となく身体が軽くエネルギーも充満している感じがするのです。不安によってエネルギーを消耗しなかった分、訪問中も元気で、訪問した後の疲れも少なくなっているのです。

断られても落胆しない！

「今度の旅行説明会でパンフレットを配るとき、私が伺わせていただいてよろしいですか？」

「いやいや、こっちでやっとくからいいよ」

ツアーの参加者向けの旅行説明会に同席させてもらい、直接自社商品の説明ができると商品の販売高が上がります。しかし取引先に任せてしまうと、取引先にとっては直樹さんの会社の商品を販売することは主業務ではないので、たとえばツアー内容説明に予定よりも時間がかかり説明会の時間が少なくなってくると「同封のパンフレットも後で目を通しておいてください」とだけ案内されるにとどまり、きちんと説明してもらえないため、あまり販売高は伸びません。

だから販売担当者としては、顧客企業の旅行説明会に出席させてもらい、自社商品を少しでも説明させてもらいたいのですが、最近は直樹さんの会社だけでなく同業他社からも同様の依頼があるので、B社の担当者も、少々面倒だと思っていました。直樹さんはそこで、「いえ、何でもいたしますので、よかったら説明会で何かお手伝いさせてください」とすかさずお願いすることができました。

いままでは「相手に迷惑がられて嫌がられないか？」「しつこいと嫌われるんじゃないか？」と心配し、お願いすることに抵抗があったのですが、そういう心配がなく、抵抗感なく言葉にできたので驚きました。

結果はＮＧで、「いや、いいよ」と断られたのですが、断られた後も、いままでのような「やっぱりダメだった」という落胆がありませんでした。直樹さんは、「自分が不安を持たずに行動すると、やった後で落胆することも少なくなるんだ」ということに新たに気づきました。

他人からの評価がそんなに気にならない

勝っていようが、負けていようが、一番重要なのは自分

昼休みに、直樹さんは自らが決断している別のインナーメッセージを解決するための演習に取り組んでみようと思いました。朝からの仕事の好調さで、インナーメッセージを書き換えることの効果は十分に実感していました。「この調子でもっと改善が進められるかもしれない」。

直樹さんが次に選んだインナーメッセージは「私は重要であってはならない」です。直樹さんの親はよく「ちゃんとやりなさい」と彼にはっぱをかけながら、結果が良くないと「こんなこともちゃんとやれないなんてまったく困ったやつだ」とつまらなそうに言っていました。このように彼を駆り立てては、結果が満足いくものでなければ落胆するというやり取りが何度もあったのを記憶しています。直樹さんは親が落胆し

ている姿を見せられるたびに、自分のことを〝僕はちゃんとできない〟〝僕はダメなんだ〟と自己嫌悪に陥っていました。そのうちに、何かをやる前から自分はできないと思うことが多くなっていました。

直樹さんは昨夜と同じように、そのやり取りを原初場面として再体験しました。親から「困ったやつだ」とあきれ顔で言われているときの悲しい気分を味わいながら、「僕はもっと自分のことを振り向いて欲しくて頑張っていたのに」「本当は、ちゃんとできているいないに関係なく大好きだよと表現して欲しかった」と気づきました。昨夜のように、目の前に子どものころの自分を想像し、「ちゃんとできなくてもお前が大好きだよ」と優しく語りかけてみました。心の底から、ちゃんとできようができまいが、かけがえのないこの子が大好きだという気持ちを感じながら語りかけることができました。

陸君に対する気持ちと重なっていたのかもしれません。陸君が生まれてくるときのことを思い出しました。そのときに「元気で生まれてくれればそれだけで十分、それ以上何も望まない」と心から願いました。それに似た気持ちで演習を行いました。

するとジーンと感動するような気分、愛情に包まれたような温かい気分、そして「自分は大事な人間なんだ」という思いと力が身体にみなぎってくるような感覚を感じました。

夕方４時過ぎ、職場に戻った直樹さんは、営業から帰社した職場の人を捕まえて、企画の内容について相談しようと職場内を見渡しました。営業から帰社したばかりの拓也さんの元気の良い笑い声が聞こえます。女子社員とにこやかに冗談を言っています。「拓也はアイデアマンだから、拓也に話を聞こう」、そう決めた直樹さんは早速拓也さんのところに向かいました。

「いま、Tグランドの夏の企画を作っているんだけど、相談のために時間もらえるかな？」

「いいよ、いいよ」。拓也さんは両手で頭の上に大きく丸を作って愛想良くそれに応じてくれました。

「でも、直樹が僕に相談してくるなんて初めてじゃない？」

拓也さんの言葉に、そういえばつい昨日までは相談することに抵抗があったことを思い出しました。相談するのは、いい加減を認めてしまうようで嫌だったこと、自分が負けたような気持ちになり劣等感を持ってしまいそうで避けていたことに気づきました。気づくと、そういう感覚がなくなっています。

負けたような気分や劣等感が気にならないのは「私は重要であってはならない」のインナーメッセージを「ちゃんとできなくても自分が重要だ」と書き換えるステップを実施したからかもしれないと思いました。つまり、拓也さんに勝っていようが負けていようが、自分は重要な存在なのです。そう思えるから、負けているなどと気にしなくても構わなくなっているのです。

なぜか話の目的に集中できる

拓也さんとの話は思いのほか盛り上がり、10～20分ほどの相談のつもりが、1時間を超えて話が弾みました。

話に熱がこもり、盛り上がるのは理由がありました。話の中で、直樹さんはいつもと違う感覚を感じていました。会社にとって、また顧客であるTグランドホテルにとって、どのような企画が良いかという観点から話ができていることを強く感じました。

つまり普段よりも目的を外さずにきちんと話をすることができているのです。商品を販売強化していく企画にすると良いのか、Tグランドホテルにとってどんな企画が良いのかといった、企画の本来の目的に沿った考えだけに集中できている感じです。

それは直樹さんが、どんな企画を立てたら自分が悪く見られないかという、いわゆる**自分の評価という観点から解放されて考えることができているから**です。これも「私は重要であってはならない」のインナーメッセージが変わっていく効果です。

弾む話の中で、夏のイベントだから外国の夏のフルーツを販売するのも面白いのではないかというアイデアを拓也さんが思いついて口にしました。そしてあまり知られていない海外のフルーツをフェアーで販売するという企画の話になりました。「そのアイデアは面白い。ぜひ具体的に進めたい」。直樹さんは、ワクワクしてきました。

拓也さんとの話を終え、「いままで拓也のことをあまりよく思っていなかった、というか嫉妬していたけれど、結構優しいし楽しいやつだな。そして十分に真面目なところも持っているな」と思いました。

拓也さんへの対応が変わったふたつの要因

直樹さんの拓也さんへの評価がかなり変わってきています。行動にブレーキをかけてしまうインナーメッセージを書き換えるプロセスで、行動できるようになるという効果以外に人間関係面での効果、たとえばそれまで嫌っていた人への評価が良くなる、接しやすくなるといった効果が表れることが多くみられます。直樹さんの場合、評価が変わったのにはふたつの理由があります。

ひとつは、自分が拓也さんに**嫉妬していることを受け入れたこと**。以前は、拓也さんを心のどこかで妬んでいたのです。それが拓也さんへの批判になっていました。しかし直樹さんは批判するようなことを人に言うこともできませんでした。妬んでいるけれどそれを抑え我慢している、そして妬んでいることを自分でも認めないようにしているといった心理状態だったのです。このような状態ではラクに楽しく会話を交わすことが難しくなり、ぎこちない会話になりがちです。自分が本当はうらやましく思っていることを受け入れたために、拓也さんのことを自然に受け入れやすくなったのです。

もうひとつは「私は重要であってはならない」の**インナーメッセージを改善するス**

テップを実施したこと。それによって拓也さんに勝つとか負けるとかが気にならなくなったのです。

「私は重要であってはならない」のインナーメッセージを決断している人は、無意識に「自分が重要ではない」と思わざるをえなくなる状況を避けようとします。だから劣等感を感じるような相手にアドバイスを求めるといった状況を回避するのです。これらが改善されることによって、拓也さんとラクに話ができるようになり、また拓也さんの良い部分も受け入れられるように変化しているのです。

今日一日、直樹さんはエネルギッシュに動くことができていました。その割には疲れを感じず、ラクに楽しく動けていました。企画書作成、後輩とのやり取り、顧客訪問、拓也さんへの相談、インナーメッセージを変えることの効果を、いろいろな場面でいくつも実感しました。

「陸、応援するよ、やりたいようにやっていい」

帰宅すると、陸君が直樹さんに相談してきました。塾に行きたいという相談です。

「友達が行っている塾に僕も行きたい」と言うのです。でも妻の香織さんは、「どうせお金を払って行くなら進学塾に行ったほうが良いんじゃないの？」と提案しています。「これは私が子どものときと同じような状況だ」、直樹さんはそう思いました。

直樹さんのときは、父親から「本当に進学塾に行かなくていいのか？」と脅され、不安な気持ちにさせられ、結局友達と一緒の塾をあきらめて進学塾に行きました。子どものころの自分はそのとき本当はどう言われたかったのだろうと思い返してみました。インナーメッセージの書き換えの演習と同じ要領です。そして直樹さんはふたりの会話に口を挟みました。静かに、そして優しく背中を押すような口調で。

「陸が行きたいという気持ち、陸の気持ちが大切だよ。陸が行きたいところに行きなさい」と声をかけました。陸君は一瞬驚いたような顔で直樹さんを見上げました。「いいの？」、陸君の問いかけに、「もちろん、お父さんが応援するから陸がやりたいようにやってごらん」と優しくうなずきました。

陸君は「やったー」と両手をばんざいして大喜びです。

香織さんは、「でも進学塾だってほとんど同じ値段なんだから、どうせお金を払うなら進学塾のほうが」と不満そうです。そこで直樹さんは、

「後でやっぱり進学塾が良かったと思ったのならばそのときに進学塾にすればいい。人生は選択に失敗してもいくらでもやり直しがきくんだ。だから陸がやりたいことをやりなさい。陸がやりたいことを何よりも大事にしなさい。今日からお父さんは、陸がやりたいことを応援するよ」と香織さんにも陸君にも話しかけるように声をかけました。

自分にもわが子にも「ゆるしのメッセージ」を

いままでの直樹さんと違った反応に、陸君も香織さんも少し驚いた反応を見せました。そして陸君は、少しだけ泣きそうな表情を見せました。父親から言われた言葉が嬉しかったのです。陸君は「ありがとう」とすぐに表情を嬉しそうなものに変え、自分の部屋に走って行きました。

陸君が嬉しそうに走り去るときに、香織さんも嬉しそうに「良かったね」と陸君に声をかけました。直樹さんは、「私は陸に、いままで行動にブレーキをかけるメッセージを与えてきたから、陸のインナーメッセージが変わるまでいまから時間がかかっても良いから、陸にゆるしのメッセージを与えていこう」と決意しました。

直樹さんにとってひとつ確かなことがありました。それは、陸君が心配ばかりして行動にブレーキをかけてしまうことに、どうしてあげればいいのか、それがはっきりわかったことです。陸君に必要なのは、親である自分からのゆるしのメッセージなのです。

陸君が自分の部屋に戻って、香織さんは「直樹、何かあったの？」と尋ねました。そこで直樹さんは、インナーメッセージを書き換えるに至った経緯を詳しく話しました。

「そう、私はとても嬉しい。いままであなたがつらそうだったから少しホッとしてる」と喜んでくれました。

「大切なのは、自分にも子どもにもゆるしのメッセージなんだね」

いまを楽しんで行動できる

結果の心配よりも、そのときがワクワク

翌日、陸君は嬉しそうに学校に行きました。友達と一緒の塾に行けることを学校で友達に報告できるのがとても楽しみな様子です。それを直樹さんと香織さんは笑顔で見送りました。

直樹さんは、職場に着くと、仕事に取りかかる前に化粧室で、昨日と同じふたつのインナーメッセージを書き換えるステップを実施しました。

それが終わると早速企画内容について大介さんと打ち合わせを始めました。そこで企画書の骨子を書き上げ、それを持って、ふたりで上司のところに行き、現時点での進捗について報告しました。報告を聞きながら上司は、「かなり進んでいるね。海外のフルーツのギフトはうちとしても販売に力を入れたい商品でもあるしとてもいい企

画だね。このフルーツを使ったイベントについて、会議までには企画内容を具体的にしておいてくれよ」と指示を出しました。

いま直樹さんは、心配や不安ではなく安心を感じることができています。まるで何かに見守られているような安心感です。そして自分の価値が揺らいでいない感じを持つこともできています。そのせいか、うまくいくかいかないかということではなく、自分の能力を信じることができるという確かな感覚が持てるようになるのです。

他の誰でもなく、自分で自分の味方になることができているような感じです。この感覚は、仕事の結果がどうであれ揺らぎそうにないとも感じています。

仕事への取り組み、行動が順調なためか、直樹さんは気持ちが軽く、そしていまやっていることに楽しく取り組むことができています。以前のように行動することにエネルギーを消費しないせいか、たくさん動いているにもかかわらずあまり疲れない感じがします。そして行動の結果を楽しみと思えます。いま作成しているこの企画がどのような姿になっていくのかが楽しみでもあり、「夏のフルーツを使って何をやろうかな？」とワクワクします。

以前は結果の心配をしていたのですが、

「うまくいくかいかないかは結果だから、とりあえずやれることを精いっぱいやってみよう」

直樹さんは心からそう思えています。

それは決して考えずに行動しているということではありません。じっくりと考えながらも自信を持って楽しく行動しているのです。子どもが新しいことをやるときに、楽しさとワクワクを感じるように。

こうして販促企画は大成功！

3か月後、Tグランドホテルのイベントに直樹さんと大介さんの姿がありました。「海外のフルーツのかき氷フェアー」と題打ったイベントで、直樹さんはホテルのハッピを着てかき氷を作って販売しています。そこでは、ライチ、ランブータンなど海外のいろいろなフルーツをふんだんに使ったかき氷が何種類も並んでいます。そしてその横には海外のフルーツギフト商品が並んでいます。

バンドの演奏やゲームなども行われ、会場はお客さんでごった返しており、直樹さんたちのかき氷屋台の前には行列ができています。会社の販売商品である海外フルーツギフトも目標の倍以上に大きく売上を伸ばしています。企画は大成功です。

直樹さんの企画は社内の会議を無事に通過し、Tグランドでのプレゼンテーションを経て、無事に受け入れられました。直樹さんの企画は、Tグランドとの話し合いを経て、当初提案した以上に大きなイベントとして取り組まれることになりました。

大きな企画として取り組むことは喜ばしいことではありますが、まったく別の企画を最初から作り直すことに近い作業でした。だから今日までにやらなきゃいけないことが多くて大変だったのですが、直樹さんはそれらを着実にこなしてきました。直樹さんにとって、考えたことを実行に移す、楽しみながら行動するということは、もう日常になっています。

かき氷の屋台には、かき氷を作りながら楽しそうにお客さんと笑顔で話している直樹さんの姿があります。

あなたもきっと変われる！

クライアントさんが証明してくれた

交流分析という心理学のひとつの学問があります。エリック・バーンによって提唱された理論です。エゴグラム、自我状態、心理ゲーム、人生脚本など、交流分析で使われる言葉を耳にしたことがある方もいらっしゃることでしょう。海外ではもちろん日本でも産業分野や教育分野をはじめ多くの領域で活用されている実践的な手法です。

その交流分析の基本的な考え方の中に、**「人は自分の運命を自分で決め、そしてその決断は変えることができる」**という哲学があります。つまり、人は自分で自分の人生を変えることができるという考え方です。

筆者はこの考え方を20歳代で学びました。しかしそのときは本に書いてある知識として学んだだけでした。そしてその後、カウンセラーとしてカウンセリングをやり始めて、クライアントさんとの交流を通してわかったことがあります。それは、人が変われるというのは紛れもない事実だということです。筆者はそのことを多くのクライアントさんから学びました。

あるクライアントさんは、「私は自分に自信がまったくないし、自信があるってどんな状態なのか想像もつかない。生まれて一度も自分に自信を持ったことがない」と訴えました。そのクライアントさんが2年後に、「自分に自信がないなんていまはまったく思えない」と言いました。

またあるクライアントさんは、「私は幸せを感じたことが一度もないし、生まれてこなければ良かったとしか思えない」と訴えた1年後に、「いま私は毎日が幸せです。幸せってこんな感覚だったのですね」と言いました。

いままでに出会った多くのクライアントさんたちが、人は変わるということを自分自身が変わる姿を通して、私に証明してくれました。みんなインナーメッセージを書き換えることで変わったのです。

本書で述べたインナーメッセージを書き換えるハウツウのベースになっている再決断療法という心理療法があります。その心理療法を提唱したグールディング博士は、「決断は必ず変わる」と断言しました。

人は必ず変われるのです。それは多くのクライアントさんたちが私に教えてくれた紛れもない事実です。

そしてあなたも必ず変われる。これも紛れもない事実です。

あれこれ考《かんが》えすぎて"動《うご》けない人《ひと》"のための
問題解決術《もんだいかいけつじゅつ》

2014年8月30日　初版発行

著　者……倉成《くらなり》 央《ひろし》
発行者……大和謙二
発行所……株式会社大和出版
東京都文京区音羽1-26-11　〒112-0013
電話　営業部03-5978-8121／編集部03-5978-8131
http://www.daiwashuppan.com
印刷所……信毎書籍印刷株式会社
製本所……ナショナル製本協同組合
装幀者……斉藤よしのぶ

ISBN978-4-8047-6243-2